Cântico espiritual

Dados Internacionais de Catalogação na Publicação (CIP)
(Câmara Brasileira do Livro, SP, Brasil)

São, João da Cruz, 1542-1591
  Cântico espiritual / São João da Cruz ; tradução das Carmelitas Descalças do Convento de Santa Teresa, do Rio de Janeiro. – Petrópolis, RJ : Vozes, 2025.

  Título original: Cántico espiritual.
  ISBN 978-85-326-7097-7

  1. Cânticos sacros 2. Espiritualidade – Cristianismo 3. João da Cruz, São, 1542-1591 I. Título.

24-229837   CDD-248

Índices para catálogo sistemático:
1. Espiritualidade : Cristianismo   248

Tábata Alves da Silva – Bibliotecária – CRB-8/9253

Cântico espiritual
São João da Cruz

Tradução das Carmelitas Descalças do
Convento de Santa Teresa

Petrópolis

Tradução do original em espanhol intitulado *Cántico espiritual*

© desta tradução:
2025, Editora Vozes Ltda.
Rua Frei Luís, 100
25689-900 Petrópolis, RJ
www.vozes.com.br
Brasil

Todos os direitos reservados. Nenhuma parte desta obra poderá ser reproduzida ou transmitida por qualquer forma e/ou quaisquer meios (eletrônico ou mecânico, incluindo fotocópia e gravação) ou arquivada em qualquer sistema ou banco de dados sem permissão escrita da editora.

Texto extraído das *Obras Completas de São João da Cruz*, Petrópolis, Vozes, em coedição com Carmelo Descalço do Brasil, 7. ed., 2002, organizadas por Frei Patrício Sciadini, O.C.D.

Texto-base original

Obras Completas de San Juan de la Cruz (Texto crítico-popular), editadas por P. Simeón de la Sagrada Família, O.C.D., Burgos, Tipografia da Editora "El Monte Carmelo", 1972.

CONSELHO EDITORIAL

Diretor
Volney J. Berkenbrock

Editores
Aline dos Santos Carneiro
Edrian Josué Pasini
Marilac Loraine Oleniki
Welder Lancieri Marchini

Conselheiros
Elói Dionísio Piva
Francisco Morás
Gilberto Gonçalves Garcia
Ludovico Garmus
Teobaldo Heidemann

Secretário executivo
Leonardo A.R.T. dos Santos

PRODUÇÃO EDITORIAL

Aline L.R. de Barros
Jailson Scota
Marcelo Telles
Mirela de Oliveira
Natália França
Otaviano Cunha
Priscilla A.F. Alves
Rafael de Oliveira
Samuel Rezende
Vanessa Luz
Verônica M. Guedes

Editoração: Mônica Glasser
Diagramação: Editora Vozes
Revisão gráfica: Fernando Sergio Olivetti da Rocha
Capa: Nathália Figueiredo

ISBN 978-85-326-7097-7

Este livro foi composto e impresso pela Editora Vozes Ltda.

Sumário

Explicação, 7

Prólogo, 9

Canções de amor entre a alma e Deus, 13

Argumento, 21

Começa a explicação das canções de amor entre a Esposa e o Esposo, Cristo, 23

Canção I, 24

Canção II, 35

Canção III, 39

Canção IV, 45

Canção V, 47

Canção VI, 49

Canção VII, 52

Canção VIII, 56

Canção IX, 58

Canção X, 63

Canção XI, 66

Canção XII, 73

Canção XIII, 78

Canções XIV e XV, 85

Canção XVI, 102

Canção XVII, 108

Canção XVIII, 114

Canção XIX, 117

Canções XX e XXI, 122

Canção XXII, 132

Canção XXIII, 137

Canção XXIV, 140

Canção XXV, 146

Canção XXVI, 152

Canção XXVII, 162

Canção XXVIII, 165

Canção XXIX, 170

Canção XXX, 174

Canção XXXI, 181

Canção XXXII, 185

Canção XXXIII, 189

Canção XXXIV, 193

Canção XXXV, 196

Canção XXXVI, 201

Canção XXXVII, 206

Canção XXXVIII, 211

Canção XXXIX, 217

Canção XL, 225

Apêndice, 229

Explicação da canção XXXVIII na
1ª redação do Cântico, 229

Explicação

das canções que tratam do exercício de amor entre a alma e Cristo, seu Esposo, em que se tocam e declaram alguns pontos e efeitos de oração a pedido da Madre Ana de Jesus, priora das Descalças em São José em Granada.

Prólogo

1. Como estas canções, Revma. Madre, parecem ter sido escritas com algum fervor de amor de Deus, cuja sabedoria amorosa é tão imensa que atinge de um fim até outro, e a alma se exprime, de certo modo, com a mesma abundância e impetuosidade do amor que a move e inspira, não penso agora em descrever toda a plenitude e profusão nelas infundida pelo fecundo espírito de amor. Seria, ao contrário, ignorância supor que as expressões amorosas de inteligência mística, como são as das presentes canções, possam ser explicadas com clareza por meio de palavras: é o Espírito do Senhor que ajuda a nossa fraqueza, no dizer de São Paulo, e, habitando em nossa alma, pede para nós com gemidos inenarráveis, aquilo que nós mesmos mal podemos entender ou compreender para manifestá-lo. Na verdade, quem poderá escrever o que esse Espírito dá a conhecer às almas inflamadas no seu amor? Quem poderá exprimir por palavras o que Ele lhes dá a experimentar? E quem, finalmente, dirá os desejos que nelas desperta? Decerto, ninguém o pode. De fato, nem as próprias almas nas quais isto se passa podem exprimi-lo. Este é o motivo de empregarem figuras, comparações e semelhanças, para com elas esboçar apenas algo do que sentem; e da abundância do espírito transbordam segredos e mistérios, mais do que procuram, por meio de razões, explicá-los. Tais semelhanças, se não forem lidas com a simplicidade do espírito de amor e inteligência nelas encerrado, antes parecerão disparates do que expressões razoáveis. Assim podemos verificar nos divinos Cantares de Salomão e outros livros da Sagrada Escritura: não podendo o

Espírito Santo dar a entender a abundância de seu sentido por termos vulgares e usados, fala misteriosamente por estranhas figuras e semelhanças. Daí vem que os santos doutores da Igreja, por muito que digam, e por mais que queiram dizer, jamais poderão acabar de explicar com palavras o que com palavras não se pode exprimir; portanto, o que desses livros se declara, ordinariamente, fica muito abaixo do que eles em si contêm.

2. Essas canções, tendo sido compostas em amor de abundante inteligência mística, não poderão ser explicadas completamente, nem, aliás, é esta minha intenção; quero somente dar alguma luz geral, porque V. Revma. assim o quis. Isto tenho por melhor. Julgando mais vantajoso declarar os ditos de amor em toda a sua amplidão, a fim de deixar cada alma aproveitar-se deles segundo seu próprio modo e capacidade espiritual, em vez de limitá-los a um só sentido. Assim, embora sejam de algum modo explicadas, não é necessário ater-se à explicação, porque a sabedoria mística, isto é, a sabedoria de amor de que tratam as presentes canções, não há mister ser entendida distintamente para produzir efeito de amor na alma, pois age de modo semelhante à fé, na qual amamos a Deus sem o compreender.

3. Serei, portanto, muito breve, sem, contudo, deixar de estender-me em algumas partes onde o pedir a matéria, e quando se oferecer oportunidade de tratar e declarar certos pontos e efeitos de oração, muitos dos quais são tocados nestas canções; por este motivo não poderei deixar de explicar alguns deles. Deixarei de lado os mais comuns, para explicar rapidamente os mais extraordinários, sucedidos às almas que, com o favor de Deus, passaram do estado de principiantes. Assim faço por duas razões. Primeira: para principiantes há muita coisa escrita. Segunda: dirijo-me, por seu mandado, a V. Revma., a quem Nosso Senhor já fez a graça de tirar desses princípios e levar mais adentro no seio de seu divino amor. Espero, portanto, que, embora se escrevam aqui alguns princípios de teologia escolástica acerca do trato interior da alma com seu

Deus, não será inútil haver falado algum tanto puramente ao espírito da maneira que o fizemos; na verdade, se a V. Revma. falta o exercício da teologia escolástica com que se entendem as verdades divinas, não lhe falta, porém, o da teologia mística que se sabe por amor, e na qual não somente se sabem, mas ao mesmo tempo se saboreiam tais verdades.

4. E, para que mereça mais fé tudo quanto disser (e que desejo submeter a melhor juízo, e totalmente ao da Santa Madre Igreja), não penso afirmar coisa minha; tampouco me hei de fiar de experiência própria do que se haja passado em mim, ou que de outras pessoas espirituais haja conhecido, ou delas ouvido, embora tencione aproveitar-me de uma e de outra coisa. Tudo, porém, irei confirmando e declarando com citações da Escritura Divina, ao menos no que parecer de mais difícil compreensão. Nestas citações procederei deste modo: primeiro porei as sentenças em latim, e logo as declararei a propósito do que forem citadas. Porei em primeiro lugar todas as canções juntas, e depois por sua ordem irei colocando cada uma *de per si* a fim de explicá-la. De cada canção explicarei cada verso, pondo-o no princípio de sua explicação.

Canções de amor entre a alma e Deus

Esposa

I

Onde é que te escondeste,
Amado, e me deixaste com gemido?
Como o cervo fugiste,
Havendo-me ferido;
Saí, por ti clamando, e eras já ido.

II

Pastores que subirdes
Além, pelas malhadas, ao Outeiro,
Se, porventura, virdes
Aquele a quem mais quero,
Dizei-lhe que adoeço, peno, e morro.

III

Buscando meus amores,
irei por estes montes e ribeiras;
Não colherei as flores,
nem temerei as feras,
E passarei os fortes e fronteiras.

Pergunta às criaturas

IV

Ó bosques e espessuras,
Plantados pela mão de meu Amado!
Ó prado de verduras,
De flores esmaltado,
Dizei-me se por vós ele há passado!

Resposta das criaturas

V

Mil graças derramando,
Passou por estes soutos com presteza,
Mil gracias derramando
pasó por estos sotos con presura
E, enquanto os ia olhando,
Só com sua figura
A todos revestiu de formosura.

Esposa

VI

Quem poderá curar-me?!
Acaba de entregar-te já deveras;
Não queiras enviar-me
Mais mensageiro algum,
Pois não sabem dizer-me o que desejo.

VII

E todos quantos vagam,
De ti me vão mil graças relatando.
E todos mais me chagam;
E deixa-me morrendo
Um "não sei quê", que ficam balbuciando.

VIII

Mas como perseveras,
Ó vida, não vivendo onde já vives?
Se fazem com que morras
As flechas que recebes
Daquilo que do Amado em ti concebes?

IX

Por que, pois, hás chagado
Este meu coração, o não saraste?
E, já que mo hás roubado,
Por que assim o deixaste
E não tomas o roubo que roubaste?

X

Extingue os meus anseios.
Porque ninguém os pode desfazer;
E vejam-te meus olhos,
Pois deles és a luz,
E para ti somente os quero ter.

XI

Mostra tua presença!
Mate-me a tua vista e formosura;
Olha que esta doença
De amor jamais se cura,
A não ser com a presença e com a figura.

XII

Ó cristalina fonte,
Se nesses teus semblantes prateados
Formasses de repente
Os olhos desejados
Que tenho nas entranhas debuxados!

XIII

Aparta-os, meu Amado,
Que eu alço o voo.

Esposo

Oh volve-te, columba,
Que o cervo vulnerado

Esposa

XIV

No Amado acho as montanhas,
Os vales solitários, nemorosos,
As ilhas mais estranhas,
Os rios rumorosos,
E o sussurro dos ares amorosos;

XV

A noite sossegada,
Quase aos levantes do raiar da aurora;
A música calada,
A solidão sonora,
A ceia que recreia e que enamora.

XVI

Caçai-nos as raposas,
Que está já toda em flor a nossa vinha;
Enquanto destas rosas
Faremos uma pinha,
E ninguém apareça na colina!

XVII

Detém-te, Aquilão morto!
Vem, Austro, que despertas os amores:
Aspira por meu horto,

E corram seus olores,
E o Amado pascerá por entre as flores.

XVIII

Ó ninfas da Judeia,
Enquanto pelas flores e rosais
Vai recendendo o âmbar,
Ficai nos arrabaldes
E não ouseis tocar nossos umbrais.

XIX

Esconde-te, Querido!
Voltando tua face, olha as montanhas;
E não queiras dizê-lo,
Mas olha as companheiras
Da que vai pelas ilhas mais estranhas.

Esposo

XX

A vós, aves ligeiras,
Leões, cervos e gamos saltadores,
Montes, vales, ribeiras,
Águas, ventos, ardores,
E, das noites, os medos veladores:

XXI

Pelas amenas liras
E cantos de sereias, vos conjuro
Que cessem vossas iras,
E não toqueis no muro,
Para a Esposa dormir sono seguro.

XXII

Entrou, enfim, a Esposa
No horto ameno por ela desejado;

E a seu sabor repousa,
O colo reclinado
Sobre os braços dulcíssimos do Amado.

XXIII

Sob o pé da macieira,
Ali, comigo foste desposada;
Ali te dei a mão,
E foste renovada
Onde a primeira mãe foi violada.

Esposa

XXIV

Nosso leito é florido,
De covas de leões entrelaçado,
Em púrpura estendido,
De paz edificado,
De mil escudos de ouro coroado.

XXV

Após tuas pisadas
Vão discorrendo as jovens no caminho,
Ao toque de centelha,
Ao temperado vinho,
Dando emissões de bálsamo divino.

Esposa

XXVI

Na interior adega
Do Amado meu, bebi; quando saía,
Por toda aquela várzea
Já nada mais sabia,
E o rebanho perdi que antes seguia.

XXVII

Ali me abriu seu peito
E ciência me ensinou mui deleitosa;
de paz edificado,
de mil escudos de ouro coroado.
E a ele, em dom perfeito,
Me dei, sem deixar coisa,
E então lhe prometi ser sua esposa.

XXVIII

Minha alma se há votado,
Com meu cabedal todo, a seu serviço;
Já não guardo mais gado,
Nem mais tenho outro ofício,
Que só amar é já meu exercício.

XXIX

Se agora, em meio à praça,
Já não for mais eu vista, nem achada,
Direis que me hei perdido,
E, andando enamorada,
Perdidiça me fiz e fui ganhada.

XXX

De flores e esmeraldas,
Pelas frescas manhãs bem escolhidas,
Faremos as grinaldas
Em teu amor floridas,
E num cabelo meu entretecidas.

XXXI

Só naquele cabelo
Que em meu colo a voar consideraste
– Ao vê-lo no meu colo –,
Nele preso ficaste,
E num só de meus olhos te chagaste.

XXXII

Quando tu me fitavas,
Teus olhos sua graça me infundiam;
E assim me sobreamavas,
E nisso mereciam
Meus olhos adorar o que em ti viam.

XXXIII

Não queiras desprezar-me,
Porque, se cor trigueira em mim achaste,
Já podes ver-me agora,
Pois, desde que me olhaste,
A graça e a formosura em mim deixaste.

XXXIV

Eis que a branca pombinha
Para a arca, com seu ramo, regressou;
E, feliz, a rolinha
O par tão desejado
Já nas ribeiras verdes encontrou.

XXXV

Em solidão vivia,
Em solidão seu ninho há já construído;
E em solidão a guia,
A sós, o seu Querido,
Também na solidão, de amor ferido.

XXXVI

Gozemo-nos, Amado!
Vamo-nos ver em tua formosura,
No monte e na colina,
Onde brota a água pura;
Entremos mais adentro na espessura.

XXXVII

E, logo, as mais subidas
Cavernas que há na pedra, buscaremos;
Estão bem escondidas;
E juntos entraremos,
E das romãs o mosto sorveremos.

XXXVIII

Ali me mostrarias
Aquilo que minha alma pretendia,
E logo me darias,
Ali, tu, vida minha,
Aquilo que me deste no outro dia.

XXXIX

E o aspirar da brisa,
Do doce rouxinol a voz amena,
O souto e seu encanto,
Pela noite serena,
Com chama que consuma sem dar pena.

XL

Ali ninguém olhava;
Aminadab tampouco aparecia;
O cerco sossegava;
Mesmo a cavalaria,
Só à vista das águas, já descia.

Argumento

1. A ordem seguida nestas canções vai desde que uma alma começa a servir a Deus até chegar ao último estado de perfeição, que é o matrimônio espiritual; por isso, nas mesmas canções, tocam-se os três estados ou vias de exercício espiri-

tual, pelas quais passa a alma até atingir o dito estado. Estas vias são: purgativa, iluminativa e unitiva. E são explicadas algumas propriedades e efeitos em relação a cada uma delas.

2. As primeiras canções tratam dos principiantes, isto é, da via purgativa. As seguintes tratam dos adiantados, quando se faz o desposório espiritual, e esta é a via iluminativa. Depois, seguem-se outras canções, referentes à via unitiva, que é a dos perfeitos, onde se realiza o matrimônio espiritual. Esta via unitiva, já dos perfeitos, vem depois da iluminativa, que é própria dos adiantados. As últimas canções, enfim, tratam do estado beatífico, único intento da alma chegada ao estado de perfeição.

Começa a explicação das canções de amor entre a Esposa e o Esposo, Cristo

Anotação

1. Caindo a alma na conta do que está obrigada a fazer, vê como a vida é breve (Jó 14,5), e quão estreita é a senda da vida eterna (Mt 7,14); considera que mesmo o justo dificilmente se salva (1Pd 4,18), e que as coisas do mundo são vãs e ilusórias, pois tudo se acaba como a água corrente (2Rs 14,14). Sabe que o tempo é incerto, a conta rigorosa, a perdição muito fácil e a salvação, bem difícil. Conhece, por outra parte, a sua enorme dívida para com Deus, que lhe deu o ser a fim de que a alma pertencesse totalmente a Ele; deve, portanto, só a Deus o serviço de toda a sua vida. Em ter sido remida por Ele, ficou-lhe devedora de tudo, e na necessidade de corresponder ao seu amor, livre e voluntariamente. E em outros mil benefícios se acha obrigada para com Deus, antes mesmo que houvesse nascido. E, no entanto, compreende agora como grande parte de sua vida transcorreu em vão, não obstante a razão, e conta que terá de dar a respeito de tudo, tanto do princípio como do fim, até o último ceitil (Mt 5,26), quando Deus vier esquadrinhar Jerusalém com tochas acesas (Sb 1,12), e que já é tarde, e talvez chegado o último dia! (Mt 20,5). E assim a alma, sobretudo, por sentir a Deus muito afastado e escondido, em razão de ter ela querido esquecer-se tanto dele no meio das criaturas, toca-

da agora de pavor e de íntima dor no coração à vista de tanta perdição e perigo, renuncia a todas as coisas; dá de mão a todo negócio; e sem dilatar mais dia nem hora, com ânsia e gemido a brotar-lhe do coração já ferido pelo amor de Deus, começa a invocar seu Amado, e diz:

Canção I

> Onde é que te escondeste,
> Amado, e me deixaste com gemido?
> Como o cervo fugiste,
> Havendo-me ferido;
> Saí, por ti clamando, e eras já ido.

Explicação

2. Nesta primeira canção, a alma enamorada de seu Esposo, o Verbo de Deus, desejando unir-se a Ele por visão clara de sua essência, expõe suas ânsias de amor. Queixa-se a Ele de sua ausência, mais ainda porque, depois de havê-la ferido e chagado com seu amor – pelo qual saiu a alma de todas as coisas criadas e de si mesma –, ainda a faça sofrer essa ausência de seu Amado, e não queira ainda desatá-la da carne mortal para poder gozar dele na glória da eternidade. E assim diz:

Onde é que te escondeste?

3. Como se dissera: "Ó Verbo, meu Esposo, mostra-me o lugar onde estás escondido". Nisto lhe pede a manifestação de sua divina essência, porque o lugar onde está escondido o Filho de Deus é, conforme a palavra de São João, o seio do Pai (Jo 1,18), que é a essência divina, a qual está alheia a todo olhar mortal, e escondida a todo humano entendimento. Por este motivo, Isaías, falando a Deus, exclamou: "Verdadeiramente tu és Deus escondido" (Is 45,15). Daqui podemos concluir que as maiores comunicações, e as mais elevadas e sublimes notícias

de Deus, que a alma possa ter nesta vida, nada disso é Deus em sua essência, nem tem a ver com Ele, pois, na verdade, Deus permanece sempre escondido para a alma. É conveniente, então, que ela o tenha sempre como escondido, e acima de todas essas grandezas, e o busque sempre escondido, dizendo: "Onde é que te escondeste?" Porque nem a elevada comunicação de Deus nem a sua presença sensível é testemunho certo de sua presença, pela graça; tampouco a secura e a carência de tudo isso é sinal de sua ausência na alma. Testemunha-o o profeta Jó, quando diz: "Se vier a mim não o verei, e se for embora, não o entenderei" (Jó 9,11).

4. Por aqui havemos de entender o seguinte: se a alma sentir grande comunicação, ou sentimento, ou notícia espiritual, não é isso razão para persuadir-se de que aquela experiência consiste em possuir ou contemplar a Deus, clara e essencialmente; ou para crer que recebe mais de Deus, ou está mais unida a Ele, por mais fortes que sejam tais experiências. Do mesmo modo, não há de pensar que, ao faltar todas essas comunicações espirituais sensíveis, permanecendo ela na secura, treva e desamparo, Deus lhe falta, mais do que na consolação. Na realidade, não poderá assegurar-se de estar em graça no primeiro caso, nem saberá se está fora dela no segundo, dizendo o Sábio: "Ninguém sabe se é digno de amor ou de ódio na presença de Deus" (Ecl 9,1). Desse modo, o principal intento da alma neste verso não é pedir apenas a devoção afetiva e sensível, na qual não há certeza nem claridade da posse do Esposo nesta vida mortal; é, principalmente, pedir a clara presença e visão de sua divina essência, na qual deseja estar segura e satisfeita na vida eterna.

5. Isso mesmo quis significar a Esposa nos Cantares divinos, quando, em seu desejo de unir-se à divindade do Verbo, seu Esposo, pediu esta graça ao Pai, dizendo: "Mostra-me onde te apascentas, e onde te recostas ao meio-dia" (Ct 1,6). Ora, pedir que lhe mostrasse onde se apascenta era pedir que lhe manifestasse a essência do Verbo Divino, Filho de Deus, porque o Pai não se apascenta em outra coisa a não ser em seu

único Filho, que é a sua glória. Ao pedir que lhe mostrasse o lugar onde se recostava, fazia a mesma súplica, pois só o Filho é o deleite do Pai que não se recosta em outro lugar, nem se acha senão neste Filho amado no qual se repousa, comunicando-lhe toda a sua essência, ao meio-dia, isto é, na eternidade onde sempre o está gerando e o tem gerado. Essa refeição, pois, do Verbo Esposo, em que o Pai se apascenta com infinita glória, e esse leito florido, onde com infinito deleite de amor se recosta, profundamente escondido a todo olhar mortal de criatura, é o que pede aqui a alma Esposa, quando diz: "Onde é que te escondeste?"

6. E, para que esta alma sequiosa venha a encontrar o Esposo e unir-se a Ele, por união de amor, conforme é possível nesta vida, e consiga entreter sua sede com esta gota que do Amado se pode gozar aqui na terra, será bom que lhe respondamos em nome do Esposo, a quem ela se dirige. Vamos, portanto, mostrar-lhe o lugar mais certo onde Ele está escondido, e aí possa a alma achá-lo seguramente, com a perfeição e o deleite compatíveis com esta vida; desse modo não irá a alma errante, e em vão, atrás das pisadas das companheiras. Para alcançar este fim é necessário observar aqui o seguinte: o Verbo, Filho de Deus, juntamente com o Pai e o Espírito Santo, está essencial e presencialmente escondido no íntimo ser da alma. Para achá-lo, deve, portanto, sair de todas as coisas segundo a inclinação e a vontade, e entrar em sumo recolhimento dentro de si mesma, considerando todas as coisas como se não existissem. Santo Agostinho assim dizia, falando com Deus no *Solilóquios*: "Não te achava fora, Senhor, porque mal te buscava fora, estando Tu dentro" (Sol. 31). Está Deus, pois, escondido na alma, e aí o há de buscar com amor o bom contemplativo, dizendo: "Onde é que te escondeste?"

7. Eia, pois, ó alma formosíssima entre todas as criaturas, que tanto desejas saber o lugar onde está teu Amado, a fim de o buscares e a Ele te unires! Já te foi dito que és tu mesma o aposento onde Ele mora, o retiro e esconderijo em que se oculta. Nisto tens motivo de grande contentamento e alegria,

vendo como todo o teu bem e esperança se acham tão perto de ti a ponto de estar dentro de ti; ou, por melhor dizer, não podes estar sem Ele. "Vede", diz o Esposo, "que o Reino de Deus está dentro de vós" (Lc 17,21). E o seu servo, o apóstolo São Paulo, o confirma: "Vós sois o templo de Deus" (2Cor 5,16).

8. Grande consolação traz à alma o entender que jamais lhe falta Deus, mesmo quando se achasse (ela) em pecado mortal; quanto mais estará presente naquela que se acha em estado de graça! Que mais queres, ó alma, e que mais buscas fora de ti, se tens dentro de ti tuas riquezas, teus deleites, tua satisfação, tua fartura e teu reino, que é teu Amado a quem procuras e desejas? Goza-te e alegra-te em teu interior recolhimento com Ele, pois o tens tão próximo. Aí o deseja, aí o adora, e não vás buscá-lo fora de ti, porque te distrairás e cansarás; não o acharás nem gozarás com maior segurança, nem mais depressa, nem mais de perto, do que dentro de ti. Há somente uma coisa: embora esteja dentro de ti, está escondido. Mas já é grande coisa saber o lugar onde Ele se esconde, para o buscar ali com certeza. É isto o que pedes também aqui, ó alma, quando, com afeto de amor, exclamas: "Onde é que te escondeste?"

9. No entanto, dizes: "Se está em mim aquele a quem minha alma ama, como não o acho nem o sinto?" A causa é estar Ele escondido, e não te esconderes também para achá-lo e senti-lo. Quando alguém quer achar um objeto escondido, há de penetrar ocultamente até o fundo do esconderijo onde ele está; e, quando o encontra, fica também escondido com o objeto oculto. Teu amado Esposo é esse tesouro escondido no campo de tua alma, pelo qual o sábio comerciante deu todas as suas riquezas (Mt 13,44); convém, pois, para o achares que, esquecendo todas as tuas coisas e alheando-te a todas as criaturas, te escondas em teu aposento interior do espírito; e, fechando a porta sobre ti (isto é, tua vontade a todas as coisas), ores a teu Pai no segredo. E assim, permanecendo escondida com o Amado, então o perceberás às escondidas, e te deleitarás com Ele às ocultas, isto é, acima de tudo o que pode alcançar a língua e o sentido.

10. Eia, pois, alma formosa, já sabes agora que em teu seio mora escondido o Amado de teus desejos: procura, portanto, ficar com Ele bem escondida, e no teu seio o abraçarás e sentirás com afeto de amor. Olha que a esse esconderijo te chama o Esposo por Isaías, dizendo: "Anda, entra em teus aposentos, fecha tuas portas sobre ti", isto é, todas as tuas potências a todas as criaturas, "esconde-te um pouco até um momento" (Is 26,20), quer dizer, por este momento da vida temporal. Decerto se nesta vida tão breve guardares, ó alma, com todo o cuidado teu coração, como diz o Sábio (Pr 4,23), sem dúvida alguma, dar-te-á Deus o que promete Ele mesmo por Isaías, nestes termos: "Dar-te-ei os tesouros escondidos e descobrir-te-ei a substância e os mistérios dos segredos" (Is 45,3). Esta substância dos segredos é o próprio Deus, pois é Ele a substância da fé e o seu conceito, sendo a mesma fé o segredo e o mistério. Quando nos for manifestado aquilo que Deus nos tem encoberto e escondido sob a fé, a qual, segundo diz São Paulo, encerra o que há de perfeito em Deus, então se manifestará à alma a substância e os mistérios dos segredos. Nesta vida mortal jamais penetrará tão profundamente neles como na eternidade, por mais que se esconda; todavia, se procurar, como Moisés (Ex 33,22), esconder-se na caverna de pedra – que é a verdadeira imitação da perfeição da vida do Filho de Deus, Esposo da alma – com o amparo da destra do Senhor, merecerá que lhe sejam mostradas as costas de Deus, isto é, chegará nesta vida a tanta perfeição a ponto de unir-se e transformar-se por amor no Filho de Deus, seu Esposo. E, assim, há de sentir-se tão unida a Ele e tão instruída e sábia em seus mistérios que, em relação ao conhecimento de Deus nesta vida, não lhe será mais necessário dizer: "Onde é que te escondeste?"

11. Já te foi dito, ó alma, como hás de proceder a fim de encontrares o Esposo em teu esconderijo. Se outra vez, porém, o queres ouvir, escuta, então, uma palavra cheia de substância e de verdade inacessível: é preciso buscá-lo na fé e no amor, sem querer satisfação em coisa alguma, nem tampouco gozar ou

compreender mais do que deves saber em tudo. Estes – a fé e o amor – são os dois guias de cego que te conduzirão por onde não sabes, levando-te além, ao esconderijo de Deus. Efetivamente, a fé, este segredo do qual falamos, é como os pés com que a alma vai a Deus; e o amor, o guia que a conduz. Andando ela no trato e manuseio desses mistérios e segredos da fé, merecerá que o amor lhe descubra o que está encerrado na fé: o Esposo a quem deseja unir-se, nesta vida, por graça especial de divina união com Deus, conforme dissemos, e depois, na outra, por glória essencial, gozando-o face a face e não mais escondido (já de modo algum escondido). No entanto, mesmo que a alma chegue a essa união (que é o mais alto estado acessível nesta vida), o Amado permanece sempre escondido no seio do Pai. E como toda a sua aspiração é gozar dele na vida eterna, continua dizendo: "Onde é que te escondeste?"

12. Fazes muito bem, ó alma, em buscar o Amado sempre escondido, porque muito exaltas a Deus, e muito perto dele te chegas, quando o consideras mais elevado e profundo que tudo quanto podes alcançar. Por esta razão, não te detenhas, seja em parte, seja no todo, naquilo que tuas potências podem apreender. Quero dizer: jamais desejes satisfazer-te nas coisas que entenderes de Deus; antes procura contentar-te no que não compreenderes a respeito dele. Nunca te detenhas em amar e gozar nessas coisas que entendes ou experimentas, mas, ao contrário, põe teu amor e deleite naquilo que não podes entender ou sentir; porque isso, como dissemos, é buscar a Deus na fé. Visto como Deus é inacessível e escondido, conforme também já explicamos, por mais que te pareça achá-lo, senti-lo ou entendê-lo, sempre o hás de considerar escondido, e o hás de servir escondido às escondidas. E não sejas como tantos incipientes que consideram a Deus de modo mesquinho, pensando estar Ele mais longe ou mais oculto, quando não o entendem, nem o gozam, nem o sentem; mais verdade é o contrário, porque chegam mais perto de Deus quando menos distintamente o percebem. Assim o testifica o Profeta Davi: "Pôs nas trevas o seu esconderijo"

(Sl 17,12). Logo, ao te aproximares de Deus, forçosamente hás de sentir trevas, pela fraqueza de teus olhos. Fazes, pois, muito bem, em toda ocasião, seja de adversidade ou prosperidade temporal ou espiritual, em considerar sempre a Deus como escondido, e desse modo clamar a Ele, dizendo: Onde é que te escondeste,

Amado, e me deixaste com gemido?

13. A alma o chama aqui de Amado, para mais o mover e inclinar a seus rogos, pois, quando Deus é amado, com grande facilidade atende às petições de quem o ama. Assim o diz por São João: "Se permanecerdes em mim, tudo o que quiserdes pedireis e dar-se-vos-á" (Jo 5,7). Daqui se conclui que a alma, na verdade, só pode chamar a Deus de Amado quando está toda unida com Ele, não tendo o coração apegado a coisa alguma fora de Deus, e assim, de ordinário, traz o seu pensamento nele. Por falta disso, queixou-se Dalila a Sansão: Como podia dizer ele que a amava, se o seu espírito não estava com ela? (Jz 16,15). O espírito inclui o pensamento e a inclinação. Daí chamarem alguns ao Esposo de Amado, e não o é na realidade. Não têm firme em Deus o coração, e, assim, seus rogos não valem tanto na presença do Senhor. Este é o motivo pelo qual não conseguem logo ser atendidos em suas petições, até que, perseverando na oração, venham a permanecer mais continuamente na presença de Deus, e tenham o coração mais unido com Ele, com inclinação de amor; porque de Deus nada se alcança a não ser por amor.

14. Logo acrescenta a alma: "E me deixaste com gemido". Nesta expressão convém observar que a ausência do Amado causa no amante um contínuo gemido; porque, nada mais amando fora dele, em nada pode descansar ou achar alívio. Aqui se conhecerá quem ama verdadeiramente a Deus: o que não se contenta em coisa alguma fora dele. Como, porém, posso dizer que se contenta?! Jamais estará contente, embora possua todas as coisas juntas; antes, quanto mais tiver, menos se contentará. Na verdade, a satisfação do coração não se acha na posse das coisas, e sim no despojamento de todas elas,

em pobreza de espírito. Nisto consiste a perfeição do amor com que se possui a Deus, em muita união e particular graça; por conseguinte, só chegando a esse ponto é que a alma vive aqui na terra com alguma satisfação; não, porém, com fartura. O Profeta Davi, com toda a sua perfeição, só no céu esperava ser plenamente saciado, e assim disse: "Saciar-me-ei quando aparecer tua glória" (Sl 16,15). Não basta, portanto, a paz e tranquilidade ou o contentamento do coração, a que a alma pode chegar nesta vida, para deixar de sentir no íntimo de si mesma esse gemido (embora pacífico e não penoso), na esperança do que lhe falta. O gemido é anexo à esperança, e assim o dizia o Apóstolo quando declarava senti-lo, não só ele, mas todos os cristãos, embora perfeitos: "Nós que temos as primícias do Espírito gememos dentro de nós, esperando a adoção de filhos de Deus" (Rm 8,23). Este gemido, pois, tem agora a alma dentro de si, no coração enamorado; porque, onde o amor fere, aí está o gemido da ferida clamando sempre com o sentimento da ausência, mormente quando já saboreou alguma comunicação suave e deleitosa do Esposo que, em se ausentando, deixou a alma de repente sozinha e na secura. Por esta causa, logo exclama ela:

Como o cervo fugiste!

15. Convém notar, a este respeito, como nos Cantares a Esposa compara o Esposo ao cervo e à cabra montesa, dizendo: "Semelhante é meu Amado à cabra e ao filho dos cervos" (Ct 2,9). Assim o faz não somente por ser Ele estranho e solitário, fugindo às companhias, como o cervo, mas também pela rapidez em esconder-se e manifestar-se. De fato, é desse modo que procede o Amado nas visitas que costuma fazer às almas devotas, regalando-as e animando-as, bem como nas ausências e esquivanças que lhes faz sentir, depois de tais visitas, a fim de que sejam provadas, humilhadas e ensinadas, tornando mais sensível então a dor da ausência. E assim o dá a entender a mesma alma nas palavras seguintes, quando diz:

Havendo-me ferido

16. Como se dissesse: "Não me bastava somente a pena e dor que ordinariamente padeço em tua ausência? Por que, ferindo-me mais ainda de amor com tuas flechas, e aumentando a paixão e desejo de tua vista, agora foges com ligeireza de cervo, e não te deixas apreender sequer um pouco?"

17. Para melhor explicar este verso, convém saber que, além de muitas outras espécies de visitas feitas por Deus à alma, nas quais a fere e transporta de amor, costuma Ele dar uns toques de amor bem escondidos. São estes como setas de fogo que vêm ferir e transpassar a alma, deixando-a toda cauterizada com amoroso fogo; estas, propriamente, se chamam feridas de amor, e a elas se refere aqui a mesma alma. Inflamam de tal modo a vontade com tanta veemência que a alma fica a se abrasar em fogo e chama de amor, tão fortemente a ponto de parecer consumir-se naquela frágua, saindo fora de si, a renovar-se toda, e transformando-se em novo ser, como a fênix que se queima e renasce das cinzas. O Profeta Davi fala sobre isso, nestes termos: "Foi inflamado meu coração e os meus rins se mudaram, e fui reduzido a nada, e não o soube" (Sl 72,21-22).

18. Os apetites e afetos, aqui figurados pelos rins, segundo o profeta, são todos alterados e mudados em divinos, naquela inflamação do coração, e a alma por amor é reduzida a nada, sem mais coisa alguma saber senão amor. Esta mudança produzida nestes rins, isto é, nos afetos, causa então grande tormento e ânsia por ver a Deus, e com tal intensidade que parece intolerável à alma aquele rigor com que procede o amor para com ela. Não se queixa por havê-la ferido o Amado, antes tem essas feridas por saúde; mas por a ter deixado assim penando de amor, e porque não a feriu mais fortemente, acabando-a de matar, para achar-se ela unida com Ele em vida de amor perfeito. Por isso, exclama declarando sua dor: "Havendo-me ferido".

19. Quer dizer: deixando-me assim chagada e morrendo com estas feridas de teu amor, tu te escondeste com tanta ligei-

reza, como o cervo. É sobremodo grande este sentimento, porque, naquela ferida de amor causada por Deus na alma, levanta-se o afeto da vontade com súbita rapidez à posse do Amado cujo toque sentiu. E com essa mesma rapidez sente a ausência, e o não poder possuí-lo aqui na terra à medida do seu desejo. Daqui procede sentir ao mesmo tempo o gemido da ausência com a presença do Amado, porque tais visitas não são como outras que Deus faz à alma para recreá-la e satisfazê-la. Nestas referidas agora, o Amado vem mais para ferir do que para sarar, e mais para afligir do que para satisfazer; tem por fim avivar a lembrança e aumentar o apetite, e consequentemente a dor e ânsia de ver a Deus. Chamam-se feridas espirituais de amor, e são extremamente saborosas e desejáveis para a alma. E, assim, quereria ela estar sempre morrendo mil mortes a estas lançadas, porque a fazem sair de si e entrar em Deus. Isto dá a entender a mesma alma no verso seguinte, dizendo:

Saí, por ti clamando, e eras já ido

20. Nas feridas de amor não pode haver remédio senão da parte daquele que feriu. Eis por que esta alma chagada saiu na força do fogo produzido pela ferida, após seu Amado que a havia ferido, clamando a Ele para que a curasse. Convém saber que este sair entende-se aqui, espiritualmente, de duas maneiras, para ir em busca de Deus: a primeira, saindo de todas as coisas, o que se faz por aborrecimento e desprezo delas; a segunda, saindo de si mesma por esquecimento próprio, o que se realiza por amor de Deus. Quando este amor toca a alma tão verdadeiramente como vamos declarando agora, de tal maneira a levanta que não somente faz a alma sair de si por esquecimento próprio, mas ainda a arranca de seus quícios e dos seus modos e inclinações naturais. Leva-a, então, a clamar por Deus, como se dissesse: "Esposo meu, naquele teu toque e ferida de amor, arrancaste minha alma, não só de todas as coisas, mas também de si mesma (pois, de fato, parece que até do corpo a desprende), e me elevaste a ti,

clamando por ti, já desapegada de tudo para apegar-me a ti. E eras já ido".

21. Como a dizer: no momento em que quis aprender tua presença, não mais te achei, ficando então desprendida de tudo que havia deixado, sem poder, no entanto, unir-me ao que desejava; estive penando nos ares do amor sem apoiar-me em ti nem em mim. O que a alma chama aqui "sair para ir buscar o Amado", a Esposa dos Cantares chama "levantar", dizendo: "Levantar-me-ei e buscarei ao que ama minha alma, rodeando a cidade pelos arrabaldes e praças. Busquei-o", diz, "e não o achei, e chagaram-me" (Ct 3,2 e 5,7). A expressão "levantar-se a alma Esposa", empregada nos Cânticos, significa, em sentido espiritual, elevar-se de baixo para cima. Isto mesmo quer dizer aqui a alma com o termo "sair", isto é, abandonar seu modo rasteiro de amar para subir ao elevado amor de Deus. Nos Cantares, declara ainda a Esposa que ficou chagada por não ter achado o Esposo; e aqui também a alma diz que está ferida de amor, tendo-a deixado assim o Amado. Eis a razão de viver sempre o enamorado penando com a ausência. Já está entregue ao seu amor[1], e espera que lhe seja retribuída essa entrega, que vem a ser o dom do próprio Amado; contudo, não acaba Ele de se dar. Havendo já perdido todas as coisas e a si mesma pelo Amado, não achou o lucro de sua perda, pois carece a alma da posse daquele a quem ama[2].

22. Esta pena e sentimento da ausência de Deus, no tempo dessas divinas feridas, costuma ser tão grande nas almas que vão chegando ao estado de perfeição, que, se o Senhor não velasse com sua providência, morreriam. Já têm sadio o paladar da vontade, e o espírito purificado e bem-disposto para Deus;

---

1. 1ª redação do *Cântico*: "Já está entregue a Deus, esperando a retribuição na mesma moeda, isto é, a entrega da gloriosa visão e posse de Deus. Por isso clama, pedindo-a, e, contudo, não lhe é dada nesta vida".
2. 1ª redação do *Cântico*: "...e por cujo amor se perdeu. Quem, pois, está penando por Deus é sinal de que está entregue a Deus e o ama".

quando, pois, nessas feridas, se lhes dá a provar algo da doçura do amor divino que elas sobremodo apetecem, sofrem também de maneira extrema. Sentem que lhes é mostrado, como por resquícios, um bem infinito, e, todavia, não lhes é concedido; assim lhes é inefável a pena e o tormento.

Canção II

> Pastores que subirdes
> Além, pelas malhadas, ao Outeiro,
> Se, porventura, virdes
> Aquele a quem mais quero,
> Dizei-lhe que adoeço, peno, e morro.

Explicação

1. Nesta canção, a alma quer aproveitar-se de terceiros e medianeiros junto a seu Amado, e a eles pede que lhe deem parte de sua dor e pena; porque é próprio do amante, quando, pela presença, não pode comunicar-se com o Amado, fazê-lo com os melhores meios a seu alcance. Assim a alma quer servir-se aqui de seus desejos, afetos e gemidos como de mensageiros que sabem perfeitamente manifestar o segredo de seu coração àquele que ama. A isso os solicita, então, dizendo:

Pastores que subirdes

2. Chama pastores aos próprios desejos, afetos e gemidos pela razão de apascentarem-na com bens espirituais. Pastor significa apascentador; mediante esses pastores costuma Deus comunicar-se à alma, dando-lhe alimento divino, e sem eles pouco é o que concede. Por isso, prossegue: "Os que subirdes". Como se dissesse: "Os que de puro amor sairdes", pois nem todos os afetos e desejos sobem até Deus, mas somente os que brotam do verdadeiro amor.

Além, pelas malhadas, ao Outeiro

3. Dá o nome de malhadas às hierarquias e coros angélicos, pelos quais gradativamente vão subindo nossos gemidos e orações a Deus, a quem a alma denomina Outeiro, por ser Ele a suma alteza. Em Deus, como no outeiro, se observam e descortinam todas as coisas; abaixo dele ficam essas malhadas superiores e inferiores, isto é, as ordens angélicas que, conforme já dissemos, conduzem as nossas orações e gemidos, oferecendo-os a Deus. Assim o declarou o anjo a Tobias, dizendo: "Quando oravas com lágrimas e enterravas os mortos, eu oferecia tua oração a Deus" (Tb 12,12). Os próprios anjos podem ser também designados por esses pastores da alma, pois não somente levam a Deus nossos recados, mas também trazem os de Deus a nós. Apascentam assim nossas almas, como bons pastores, com as suaves comunicações e inspirações do mesmo Deus que deles se utiliza para conceder-nos graças. São ainda os anjos que nos amparam e defendem dos lobos, isto é, dos demônios. Quer a alma compreenda por pastores os afetos ou os anjos, a uns e outros deseja que lhe sirvam de medianeiros e intermediários para seu Amado, e, portanto, diz a todos:

Se, porventura, virdes

4. É tanto como dizer: "Será para mim grande ventura e felicidade se chegardes à sua presença de maneira que Ele vos veja e escute". Notemos oportunamente que, embora Deus tudo saiba e compreenda, perscrutando os mais íntimos pensamentos da alma – e assim o afirma Moisés (Dt 31,21) –, só achamos que Ele conhece nossas necessidades e orações quando as remedeia e atende. Nem todas essas petições e indigências chegam a tanto de serem ouvidas por Deus, de modo a receberem logo o remédio. É preciso que se apresentem a seus divinos olhos, com suficiente fervor, tempo e número; só então se diz que o Senhor as vê e ouve. Temos disso a confirmação no que diz o Êxodo. Depois de quatrocentos anos de aflições do povo de Israel cativo no Egito, é que Deus disse a Moisés: "Vi a aflição do meu povo, e desci para

livrá-lo" (Ex 3,7-8) e, no entanto, desde o princípio, tudo lhe era patente. O arcanjo São Gabriel também disse a Zacarias que não temesse, porque Deus já ouvira sua oração, em dar-lhe o filho que ele vinha pedindo desde muitos anos (Lc 1,13); e, na verdade, o Senhor sempre conhecera aquela petição. Compreenda, pois, a alma que, se Deus não lhe concede logo a realização de seus pedidos, e não vem em socorro de suas necessidades, nem por isso deixará de acudir na ocasião propícia. É Ele "o auxiliador no tempo oportuno e na tribulação", como diz Davi (Sl 9,10), e virá em seu auxílio se ela não desanimar nem cessar de pedir. Isto exprime a alma neste verso, quando exclama: "Se, porventura, virdes": se acaso, diz, for chegado o tempo em que haja Deus por bem outorgar minhas petições.

Aquele a quem mais quero

5. Como se dissesse: a quem amo acima de todas as coisas. É verdadeira esta afirmação quando a alma não se deixa acovardar por nenhum obstáculo, para fazer e padecer pelo Amado qualquer trabalho em seu serviço. E quando pode sinceramente dizer as palavras do verso seguinte, é também sinal de amar ao Esposo sobre todas as coisas. Assim, pois, diz o verso:

Dizei-lhe que adoeço, peno, e morro

6. Nestas três palavras a alma apresenta três necessidades: doença, pena e morte. Quem ama deveras a Deus, com alguma perfeição de amor, ordinariamente padece em sua ausência, de três modos, segundo as três potências da alma, que são: entendimento, vontade e memória. Quanto ao entendimento, diz a alma que adoece por não ver a seu Deus. É Ele a saúde do entendimento, conforme o declara por Davi: "Eu sou tua saúde" (Sl 34,3). Quanto à vontade, diz que sofre sem a posse de Deus, pois é Ele o refrigério e deleite da vontade, como o atestam as palavras do mesmo Davi: "Com a torrente de seu deleite as fartarás" (Sl 35,9). Quanto à memória, diz a alma que morre. Ao lembrar-se, com efeito, da carência em que se vê de todos

os bens do entendimento – isto é, da vista de Deus – e de todos os deleites da vontade – a saber, da posse de Deus –, na convicção de lhe ser possível também carecer do seu Amado para sempre entre os perigos e ocasiões desta vida, padece (a alma) em sua memória grande sentimento, semelhante à morte, pois constata claramente essa carência da perfeita e certa posse de seu Deus, o qual na verdade é a própria vida da alma, segundo as palavras de Moisés: "Ele certamente é sua vida" (Dt 30,20).

7. Essas três maneiras de necessidade representou também Jeremias a Deus, nas trevas, quando disse: "Recorda-te de minha pobreza, e do absinto e fel" (Lm 3,19). A pobreza se refere ao entendimento, porque a ele pertencem as riquezas da sabedoria do Filho de Deus, no qual, como diz São Paulo, "estão encerrados todos os tesouros de Deus" (Cl 2,3). O absinto, erva amaríssima, refere-se à vontade, porque a essa potência cabe a doçura da posse de Deus, e, em lhe faltando, permanece na amargura. Vemos, aliás, no Apocalipse, pelas palavras do anjo a São João, como a amargura diz respeito à vontade: "Que, em comendo aquele livro, far-lhe-ia amargar o ventre" (Ap 10,9), simbolizada no ventre a vontade. O fel se refere não só à memória, mas também a todas as potências e forças da alma, pois o fel significa a morte da mesma alma, conforme dá a entender Moisés, no Deuteronômio, dirigindo-se aos condenados: "Fel de dragões será o seu vinho e veneno mortal de áspides" (Dt 32,33). Nessas palavras se exprime a carência de Deus, a qual é morte para a alma. Essas três necessidades e penas estão fundadas nas três virtudes teologais, fé, caridade e esperança, em relação às três potências, na ordem aqui observada: entendimento, vontade e memória.

8. Convém notar como a alma, nesse verso, não faz outra coisa a não ser representar sua pena e necessidade ao Amado.

Quem ama discretamente, não cuida de pedir o que deseja ou lhe falta: basta-lhe mostrar sua necessidade para que o Amado faça o que for servido. Assim procedeu a bendita Virgem com o amado Filho nas bodas de Caná; não lhe pediu diretamente o vinho, mas disse apenas: "Não têm vinho" (Jo 2,3).

As irmãs de Lázaro não mandaram pedir ao Mestre que curasse o irmão; mandaram dizer-lhe tão somente: "Eis que está enfermo aquele a quem amas" (Jo 11,3). Isto se deve fazer por três razões. Primeira: melhor sabe o Senhor o que nos convém, do que nós mesmos. Segunda: mais se compadece o amado vendo a necessidade do amante e sua resignação. Terceira: mais segura vai a alma quanto ao amor de si mesma e ao juízo próprio, manifestando sua indigência, do que pedindo o que lhe falta. Justamente assim, nem mais nem menos, faz agora a alma, apresentando suas três necessidades, como se exclamasse: Dizei a meu Amado que, se adoeço, e só ele é minha saúde, venha dar-me saúde; se estou penando, e só ele é meu gozo, venha dar-me gozo; se morro, e só ele é minha vida, venha dar-me vida.

Canção III

> Buscando meus amores,
> Irei por estes montes e ribeiras;
> Não colherei as flores,
> Nem temerei as feras,
> E passarei os fortes e fronteiras.

Explicação

1. Vê a alma que, para achar o Amado, não lhe bastam gemidos e orações, nem tampouco a ajuda de bons terceiros, como fez na primeira canção e na segunda. Sendo verdadeiro o grande desejo com que busca o seu Dileto, e o amor que a inflama muito intenso, não quer deixar de fazer algumas diligências, quanto é possível de sua parte; porque a alma verdadeiramente amorosa de Deus não põe delongas em fazer quanto pode para achar o Filho de Deus, seu Amado. Mesmo depois de haver empregado todas as diligências, não se conten-

ta, e julga haver feito nada. Assim, nesta terceira canção, quer buscar o Amado agindo por si mesma. Diz então o modo como há de proceder a fim de o achar, e é o seguinte: empregar-se nas virtudes e exercícios espirituais da vida ativa e contemplativa. Para isto fazer, não quer admitir deleites ou regalos de espécie alguma; nem bastarão para detê-la, impedindo seu caminho, todas as forças e assaltos dos três inimigos da alma, que são mundo, demônio e carne. Diz, portanto:

Buscando meus amores

2. Isto é, "meu Amado". Bem dá a entender aqui a alma como, para achar deveras a Deus, não é suficiente orar de coração e de boca; não basta ainda ajudar-se de benefícios alheios, mas é preciso, juntamente com isso, fazer de sua parte o que lhe compete. Maior valor costuma ter aos olhos de Deus uma só obra da própria pessoa do que muitas feitas por outras em lugar dela. Por este motivo, lembrando-se a alma das palavras do Amado: "Buscai e achareis" (Lc 11,9), determina-se a sair ela mesma, do modo acima referido, para buscar o Esposo por obra, e não ficar sem achá-lo. Não faz como aqueles que não querem lhes custe Deus mais do que palavras, e ainda menos, pois não são capazes de fazer, por amor de Deus, quase coisa alguma que lhes dê trabalho. Há alguns que nem mesmo se animam a levantar-se de um lugar agradável e deleitoso para contentar o Senhor; querem que lhes venham à boca e ao coração os sabores divinos, sem darem um passo na mortificação e renúncia de qualquer de seus gostos, consolações ou quereres inúteis. Tais pessoas, porém, jamais acharão a Deus, por mais que o chamem a grandes vozes, até que se resolvam a sair de si para o buscar. Assim o procurava a Esposa nos Cantares, e não o achou enquanto não saiu a buscá-lo, como diz por estas palavras: "Durante a noite no meu leito busquei aquele a quem ama a minha alma; busquei-o e não o achei. Levantar-me-ei e rodearei a cidade; buscarei pelas ruas e praças públicas aquele a quem ama a minha alma" (Ct 3,1-2). E depois de haver sofrido alguns trabalhos, diz então que o achou.

3. Daqui podemos concluir: a alma que busca a Deus, querendo permanecer em seu gosto e descanso, de noite o busca, e, portanto, não o achará; mas a que o buscar pelas obras e exercícios de virtudes, deixando à parte o leito de seus gostos e deleites, esta, sim, achá-lo-á, pois o busca de dia. De fato, o que de noite não se percebe, de dia aparece. Esta verdade é bem declarada pelo Esposo no Livro da Sabedoria, quando diz: "Clara é a sabedoria e nunca se murcha, e facilmente é vista por aqueles que a amam, e encontrada pelos que a buscam. Antecipa-se aos que a desejam, de tal sorte que se lhes patenteia primeiro. Aquele que vela desde manhã para a possuir não terá trabalho, porque a encontrará sentada à sua porta" (Sb 6,13-15). Estas palavras mostram como, em saindo a alma da casa de sua própria vontade, e do leito de seu próprio gosto, ao acabar de sair, logo achará ali fora a Sabedoria divina, que é o Filho de Deus, seu Esposo. Eis o motivo de ela dizer agora: "buscando meus amores".

Irei por estes montes e ribeiras

4. Pelos montes, que são altos, entende aqui as virtudes. Assim diz, em primeiro lugar, por serem elas elevadas; e, em segundo, por causa da dificuldade e do trabalho que temos para alcançá-las. Quer, pois, a alma dizer como, pelas virtudes, ir-se-á exercitando na vida contemplativa. Pelas ribeiras, que são baixas, compreende as mortificações, penitências, e exercícios espirituais por meio dos quais se irá aplicando na vida ativa, juntamente com a contemplativa a que já se referiu; porque uma e outra são necessárias para buscar a Deus, com segurança, e adquirir as virtudes. É o mesmo que dizer: buscando meu Amado, irei pondo por obra as virtudes mais excelsas, e humilhar-me-ei nas mortificações baixas e nos exercícios humildes. Assim se exprime a fim de mostrar como o caminho para procurar a Deus consiste em praticar o bem para com Ele, e mortificar o mal em si mesma, pela maneira que vai expondo nos versos seguintes:

Não colherei as flores

5. Porquanto para buscar a Deus se requer um coração despojado e forte, livre de todos os males e bens que não são puramente Deus, a alma descreve, no presente verso, e também nos seguintes, a liberdade e fortaleza que há de ter para o buscar. Aqui começa a dizer que neste caminho não colherá as flores que encontrar. Nelas, simboliza todos os contentamentos e deleites que se apresentarem em sua vida, os quais poderiam impedir-lhe a passagem, se os quisesse admitir e apreender. São de três espécies: temporais, sensíveis e espirituais. Tanto uns como outros ocupam o coração e servem de obstáculo à desnudez espiritual requerida para o caminho reto de Cristo, se a alma neles repara e se detém. Por isso diz que não colherá coisa alguma dessas, ao buscar o Amado. Como se dissesse: não apegarei meu coração às riquezas e vantagens que me oferecer o mundo; não admitirei os contentamentos e deleites da minha carne; tampouco hei de prestar atenção aos gostos e consolações de meu espírito; para que em nada disto me detenha na busca de meus amores, pelos montes das virtudes e dos trabalhos. A alma toma o conselho que dá o Profeta Davi nas palavras dirigidas aos que vão por esse caminho: "Se as riquezas abundarem, não apegueis a elas o vosso coração" (Sl 61,11). Essas riquezas significam, ao nosso propósito, os gostos sensíveis, e outros bens temporais, e as consolações do espírito. Convém notar que não são apenas os bens temporais e os deleites do corpo que impedem e contradizem o caminho de Deus; também as consolações e os gostos espirituais, se a alma os conserva como proprietária ou os procura, são empecilho à via da cruz de Cristo, seu Esposo. Quem quiser adiantar-se precisa, portanto, não andar a colher essas flores. E não só isto: é necessário ainda ter ânimo e fortaleza para dizer:

Nem temerei as feras,
E passarei os fortes e fronteiras

6. São estes os versos que designam os três inimigos da alma, isto é, mundo, demônio e carne – inimigos a lhe faze-

rem guerra e dificultarem o caminho. Pelas feras compreende o mundo; pelos fortes, o demônio; e pelas fronteiras, a carne.

7. Chama feras ao mundo, porque à alma que começa o caminho de Deus, este mundo se lhe afigura, na imaginação, como feras bravias a lhe fazerem ameaças. E isto principalmente por três modos: primeiro, persuadindo que lhe há de faltar o favor do mundo, e perderá amigos, crédito, valor, e quiçá a fazenda; segundo, como há de aguentar a falta de todo contentamento ou deleite mundano, sem jamais poder gozar regalos terrenos? Esta é outra fera não menor; terceiro, que se hão de levantar contra ela as línguas, e farão burla, com muitos ditos e mofas, desprezando-a; e esta fera é ainda mais bravia. De tal maneira essas coisas se antepõem diante de certas almas que se torna muito difícil para elas não só a perseverança na luta contra as ditas feras, mas até mesmo a possibilidade de começarem o caminho.

8. A algumas almas generosas costumam, porém, atacar outras feras mais interiores, como são dificuldades espirituais, tentações, tribulações e trabalhos de muitas espécies, pelos quais convém passar. São enviados por Deus àqueles que Ele quer elevar a uma alta perfeição. E, assim, prova essas almas, examinando-as como ao ouro na fornalha, conforme as palavras de Davi: "Muitas são as calamidades dos justos, mas de todas elas os livra o Senhor" (Sl 33,20). Todavia, a alma bem-enamorada, que estima seu Amado sobre todas as coisas, confiando em seu divino amor e graça, não acha muito em dizer: "Nem temerei as feras e passarei os fortes e fronteiras".

9. Aos demônios – segundo inimigo – chama fortes, porque com grande força procuram tomar a passagem deste caminho. Dá-lhes também este nome por serem suas tentações e astúcias mais fortes e duras de vencer, e mais difíceis de descobrir, do que as do mundo e da carne. Além disso, os demônios se aproveitam desses dois outros inimigos para se fortalecerem, e, juntamente com o mundo e a carne, dão forte guerra à alma. Falando Davi a respeito deles, emprega o mesmo nome de for-

tes, quando diz: "Os fortes pretenderam minha alma" (Sl 53,5). Refere-se também o Profeta Jó à fortaleza do demônio, nestes termos: "Não há poder sobre a terra que se lhe compare, pois foi feito para não ter medo de nada" (Jó 41,24). Como a dizer: nenhum poder humano é comparável ao do demônio; logo, só o poder divino basta para vencê-lo, e só a luz divina é capaz de entender seus ardis. Donde, a alma que quiser vencer a fortaleza de tal inimigo, não o poderá sem oração; jamais conseguirá entender suas ciladas sem mortificação e humildade. Bem o confirma São Paulo, admoestando os fiéis com estas palavras: "Revesti-vos da armadura de Deus, para que possais resistir às ciladas do demônio. Porque nós não temos que lutar contra a carne e o sangue" (Ef 6,11-12) – entendendo por sangue o mundo, e, pela armadura de Deus, a oração e a cruz de Cristo, onde se acham a humildade e a mortificação de que falamos.

10. Diz também a alma que passará as fronteiras. Estas significam, como dissemos, as repugnâncias e rebeliões naturais da carne contra o espírito. Declara, efetivamente, São Paulo: "A carne tem desejos contrários ao espírito" (Gl 5,17); põe-se ela como fronteira, resistindo ao caminho espiritual. Esta fronteira há de transpor a alma, rompendo as dificuldades e derribando, com força e determinação do espírito, todos os apetites sensuais e inclinações da natureza. Enquanto existem na alma, de tal maneira permanece o espírito impedido, que não lhe é possível passar à verdadeira vida e deleite espiritual. Isto é muito bem provado por São Paulo, quando diz: "Se pelo espírito fizerdes morrer as obras da carne, vivereis" (Rm 8,13), isto é, se mortificardes as inclinações da carne e seus apetites. Eis, portanto, o estilo em que a alma se exprime nesta canção, dizendo como é mister proceder no caminho espiritual, a fim de buscar a seu Amado. Trata-se, em suma, de agir com muita constância e valor, para não se abaixar a colher flores: ter coragem de não temer as feras e fortaleza, de transpor os fortes e as fronteiras; enfim, é preciso cuidar tão somente de ir pelos montes e ribeiras das virtudes, como já se disse.

Canção IV

> Ó bosques e espessuras,
> Plantados pela mão de meu Amado!
> Ó prado de verduras,
> De flores esmaltado,
> Dizei-me se por vós ele há passado!

Explicação

1. A alma já deu a entender como convém dispor-se para começar este caminho: não procurar deleites e gostos, e ter fortaleza para vencer as tentações e dificuldades. Nisto consiste o exercício do conhecimento próprio, que é a primeira coisa requerida para chegar ao conhecimento de Deus. Agora, nesta canção, começa a caminhar, pela consideração e conhecimento das criaturas, ao conhecimento de seu Amado, criador delas. Efetivamente, depois do exercício do conhecimento próprio, a consideração das criaturas é a primeira que se acha neste caminho espiritual como meio para ir conhecendo a Deus. Nas criaturas, vê a alma a grandeza e excelência do Criador, segundo as palavras do Apóstolo: "As coisas invisíveis de Deus tornam-se conhecidas à alma pelas coisas visíveis e criadas" (Rm 1,20). Na presente canção fala, pois, com as criaturas, perguntando-lhes por seu Amado. É de notar que, como diz Santo Agostinho, a pergunta feita pela alma às criaturas é a própria consideração que nelas faz do Criador. Nesta canção, portanto, encerra-se, de uma parte, a consideração dos elementos e demais criaturas inferiores; de outra, a consideração dos céus com as criaturas e coisas materiais criadas neles por Deus, incluindo também a consideração dos espíritos celestiais. E assim diz:

Ó bosques e espessuras

2. Dá o nome de bosques aos elementos que são: terra, água, ar e fogo. São como ameníssimos bosques, povoados de espesso número de criaturas, às quais a alma chama aqui "espessuras", justamente por causa do grande número e variedade

que delas há em cada um desses elementos. Na terra existem inumeráveis variedades de animais e plantas; na água, inumeráveis diferenças de peixes; no ar, muita diversidade de aves; e o elemento do fogo concorre, com suas propriedades, para animar e conservar tudo. Cada espécie de animais, pois, vive em seu elemento, e está colocada e plantada nele como em seu bosque, ou região, onde nasce e cresce. Na verdade, Deus ordenou assim na obra da criação; mandou à terra que produzisse as plantas e os animais, e à água dos mares, os peixes; ao ar, fez morada das aves. Vendo a alma que Ele assim o ordenou e assim foi feito, diz então o seguinte verso:

Plantados pela mão de meu Amado!

3. Nisso está a consideração de que, estas diferenças e grandezas, só a mão do Amado Deus as pôde fazer e criar. Notemos bem que a alma diz advertidamente: "pela mão do Amado". Se Deus faz muitas outras coisas por mão alheia, como pelos anjos e homens, no entanto, a obra da criação jamais fez ou quer fazer por outra mão que não seja a sua própria. A alma, pois, inclina-se muito ao amor de Deus, seu Amado, pela consideração das criaturas, vendo que são coisas feitas diretamente pela mão dele. Prossegue dizendo:

Ó prado de verduras

4. Esta é a consideração do céu, ao qual chama "prado de verduras", porque as coisas nele criadas estão sempre com verdor imarcescível; não fenecem nem murcham com o tempo. Nelas, como em frescas verduras, se recreiam e deleitam os justos. Nesta consideração é compreendida também toda a diferença e variedade das formosas estrelas e outros astros celestiais.

5. Este nome de "verduras" dá também a Santa Igreja às coisas celestiais, quando, ao rogar a Deus pelas almas dos fiéis defuntos, dirigindo-se a elas, se exprime nestes termos: "Constitua-vos o Senhor entre as verduras deleitáveis". Diz igualmente a alma que este prado de verduras está

De flores esmaltado

6. Pelas flores simboliza os anjos e as almas santas, com os quais está adornado e aformoseado aquele lugar, à semelhança de um delicado e precioso esmalte sobre um vaso de ouro puríssimo.

Dizei-me se por vós ele há passado!

7. Esta pergunta é a consideração já explicada acima. Como se dissesse: "Dizei as excelências que Deus em vós criou".

Canção V

> Mil graças derramando,
> Passou por estes soutos com presteza.
> E, enquanto os ia olhando,
> Só com sua figura
> A todos revestiu de formosura.

Explicação

1. Nesta canção, as criaturas respondem à alma; a resposta, conforme afirma também Santo Agostinho, é o testemunho da grandeza e excelência de Deus, dado nas mesmas criaturas à alma que, pela consideração, as interroga. Assim, encerra-se nesta canção, em substância, o seguinte: Deus criou todas as coisas com grande facilidade e rapidez, deixando nelas um rastro de quem Ele é. Não somente lhes tirou o ser do nada, mas dotou-as de inúmeras graças e virtudes, aformoseando-as com admirável ordem e indefectível dependência entre si. Tudo isto fez por meio da sua Sabedoria, com a qual as criou, e esta é o Verbo, seu Unigênito Filho. São estas as palavras da canção:

Mil graças derramando

2. Por estas mil graças que, conforme diz o verso, ia derramando o Criador, são compreendidas as inumeráveis multidões de criaturas. Para isto significar, põe aqui o número má-

ximo, de mil, a fim de dar a entender a grande cópia dessas criaturas, que são chamadas "graças" pelos muitos encantos de que Deus as dotou. E, enquanto as ia derramando, isto é, com elas povoando toda a terra,

Passou por estes soutos com presteza

3. Passar pelos soutos é criar os elementos, designados aqui por esta palavra. Passando pelos soutos, derramava mil graças, porque os adornava de muitas criaturas, cheias de encantos. Além do mais, sobre as mesmas criaturas derramava as mil graças, dando-lhes virtude para concorrerem com a geração e conservação de todas elas. Diz ainda que passou: as criaturas são, na verdade, como um rastro da passagem de Deus, em que se vislumbram sua magnificência, poder, sabedoria e outras virtudes divinas. Esta passagem foi com presteza: as criaturas são as obras menores de Deus, e Ele as fez como de passagem, pois as maiores, em que mais se revelou, e dignas de sua maior atenção, consistem nas da encarnação do Verbo e mistérios da fé cristã. Em comparação destas, todas as outras foram feitas como de passagem e com presteza.

E, enquanto os ia olhando,
Só com sua figura
A todos revestiu de formosura

4. Segundo a palavra de São Paulo, o Filho de Deus é o resplendor de sua glória e figura de sua substância (Hb 1,3). Convém, portanto, saber que, só com esta figura de seu Filho, olhou Deus todas as coisas, isto é, deu-lhes o ser natural, comunicando-lhes muitas graças e dons de natureza, de modo a torná-las acabadas e perfeitas. Assim o dizem estes termos do Gênesis: "Olhou Deus todas as coisas que havia feito, e eram muito boas" (Gn 1,31).

5. Para Deus achar as coisas muito boas, significa o mesmo que as criar muito boas no Verbo, seu Filho. Não bastou comunicar-lhe o ser, e as graças naturais com o seu olhar,

como dissemos; mas tão somente com essa figura de seu Filho, deixou-as revestidas de formosura, comunicando-lhes o ser sobrenatural. E isto se realizou quando Deus se encarnou, exaltando o homem na formosura divina, e, consequentemente, elevando nele todas as criaturas, pelo fato de se haver unido o próprio Deus com a natureza de todas elas no homem. Assim disse o mesmo Filho de Deus: "Se eu for exaltado da terra, atrairei a mim todas as coisas" (Jo 12,32). Nesta exaltação da encarnação de seu Filho, e da glória de sua ressurreição segundo a carne, aformoseou o Pai as criaturas não só parcialmente, mas, podemos dizer, deixou-as totalmente vestidas de formosura e dignidade.

Anotação para a canção seguinte

1. Falemos agora segundo o sentido e afeto da contemplação. Além de tudo quanto já dissemos, é preciso saber que, na viva contemplação e conhecimento das criaturas, a alma vê claramente como existe nelas grande abundância de graças e virtudes, e muita formosura com que Deus as dotou. Aos olhos da alma, parece que estão vestidas de admirável e natural virtude, derivada daquela infinita formosura sobrenatural, própria à figura de Deus cujo olhar reveste de beleza e alegria a terra e os céus. Assim também, ao abrir o Criador sua mão, enche de bênção a todo animal, conforme diz Davi (Sl 144,16). A alma, portanto, chagada de amor por esse rastro de formosura de seu Amado, percebido nas criaturas, e com ânsias de ver aquela formosura invisível manifestada nessa beleza visível, diz a seguinte canção:

Canção VI

> Quem poderá curar-me?!
> Acaba de entregar-te já deveras;
> Não queiras enviar-me
> Mais mensageiro algum.
> Pois não sabem dizer-me o que desejo.

Explicação

2. Com os sinais que as criaturas deram do Amado à alma, mostrando-lhe em si mesmas um rastro da formosura* e excelência dele, aumentou nela o amor, e, consequentemente, cresceu mais a dor da ausência. Na verdade, quanto melhor a alma conhece a Deus, mais cresce nela o desejo e ânsia de vê-lo. E, como sabe não existir coisa alguma que possa curar sua doença, a não ser a presença e vista do Amado, desconfiada de qualquer outro remédio, pede a Ele, nesta canção, a entrega e posse dessa mesma presença. Diz-lhe, então, que não queira mais, de hoje em diante, entretê-la com outras quaisquer notícias e comunicações suas, nem com visos de sua excelência, porque servem mais para aumentar-lhe a dor e as ânsias do que para satisfazer-lhe a vontade e o desejo. Esta vontade não se contenta e satisfaz com coisa alguma menos do que sua vista e presença: seja Ele servido, pois, de entregar-se a ela já deveras, em acabado e perfeito amor. E assim exclama:

Quem poderá curar-me?!

3. Como se dissesse: Entre todos os deleites do mundo, e contentamentos dos sentidos, e todos os gostos e suavidade do espírito, decerto nada poderá curar-me, nada conseguirá satisfazer-me. E, já que assim é,

Acaba de entregar-te já deveras

4. Cumpre notar aqui, como qualquer alma que ama verdadeiramente, não pode querer satisfação ou contentamento até possuir deveras a Deus. Todas as outras coisas, com efeito, não somente não a satisfazem, mas também, ao contrário, como dissemos, aumentam a fome e o desejo de ver a Deus como Ele é. Assim, a cada vista que recebe do Amado, seja por conhecimento, ou sentimento, ou qualquer outra comunicação, torna-se-lhe pesado o entreter-se com tão pouco. Essas comunicações de Deus são como mensageiros que dão à alma

recados, trazendo-lhe notícia de quem é Ele, aumentando e despertando mais nela o apetite, à semelhança de migalhas para uma grande fome. Eis por que diz: "Acaba de entregar-te já deveras".

5. Tudo quanto nesta vida se pode conhecer a respeito de Deus, por muito que seja, não é conhecimento verdadeiro, mas parcial e mui remoto; só o conhecimento de sua essência é verdadeiro, e este pede aqui a alma, não se contentando com todas as outras comunicações. Por isso é que se apressa em dizer:

> *Não queiras enviar-me*
> *Mais mensageiro algum*

6. Como se dissesse: Não queiras, doravante, que te conheça tão por medida, nestes mensageiros de notícias e sentimentos que se me dão de ti, tão remotos e alheios do desejo que minha alma tem de ti. Os mensageiros, para um coração ansioso pela presença, bem sabes, Esposo meu, aumentam a dor: de uma parte, por renovarem a chaga com a notícia que trazem, e, de outra, porque parecem dilações de tua vinda. Peço-te, pois, que de hoje em diante não queiras enviar-me essas notícias remotas. Se até aqui pude passar com elas, pela razão de não te conhecer nem te amar muito, agora a grandeza do amor que há em mim já não pode satisfazer-se com esses recados; acaba, portanto, de entregar-te. Dizendo mais claramente: Isto, Esposo meu, que andas concedendo de ti parceladamente à minha alma, acaba por dar de uma vez. O que me tens mostrado como por resquícios, acaba de mostrá-lo às claras. Quando me comunicas por intermediários, como de brincadeira, acaba de fazê-lo a sério, dando-te a mim diretamente. Na realidade, às vezes, em tuas visitas, parece que vais entregar-me a joia de tua posse; e quando minha alma considera bem, acha-se sem ela, porque a escondes, e isto é dar de brincadeira. Entrega-te, pois, já deveras, dando-te todo a toda minha alma, para que ela te possua todo, e não queiras enviar-me mais mensageiro algum,

51

Pois não sabem dizer-me o que desejo

7. Como se quisesse dizer: Eu te quero todo, e eles não sabem nem podem dizer-me tudo de ti: coisa alguma da terra, nem do céu, pode dar à alma a notícia que ela deseja ter de ti, e, assim, eles não sabem dizer-me o que desejo. Em lugar, pois, destes mensageiros, sê tu o mensageiro e as mensagens.

Canção VII

> E todos quantos vagam,
> De ti me vão mil graças relatando,
> E todos mais me chagam;
> E deixa-me morrendo
> Um "não sei quê", que ficam balbuciando.

Explicação

1. A alma, na canção passada, mostrou estar enferma ou ferida de amor pelo seu Esposo, por causa da notícia que as criaturas irracionais lhe deram dele. Agora, nesta, dá a entender como está chagada de amor, em razão de outra notícia mais alta, que do Amado recebe por meio das criaturas racionais, mais nobres do que as outras, a saber, os anjos e os homens. Diz, além disso, que está morrendo de amor, devido a uma imensidade admirável, revelada a seus olhos, por meio dessas criaturas, sem, contudo, acabar de revelar-se de todo. A isto denomina um "não sei quê", pelo fato de não se saber exprimir; pois é tal, que faz a alma ficar morrendo de amor.

2. Daqui podemos inferir que, em matéria de amor, há três maneiras de penar pelo Amado, relativas às três notícias provindas dele à alma. A primeira chama-se "ferida". É mais remissa, e mais brevemente passa, à semelhança de uma ferida; nasce da notícia recebida pela alma das criaturas, que são as obras de Deus menos elevadas. Desta ferida, chamada também aqui "enfermidade", fala a Esposa nos Cantares dizendo: "Conjuro-vos,

filhas de Jerusalém, que, se achardes o meu Amado, lhe digais que estou enferma de amor" (Ct 5,8); entendendo por filhas de Jerusalém as criaturas.

3. A segunda se denomina "chaga", e faz mais impressão na alma do que a ferida, e por isso dura mais tempo. É como a ferida já transformada em chaga, e com ela, na verdade, a alma sente estar chagada de amor. Esta chaga se abre na alma mediante a notícia das obras da encarnação do Verbo e mistérios da fé; por serem obras de Deus mais elevadas, encerrando maior amor do que as obras das criaturas, produzem na alma maior efeito de amor. E, assim, se o primeiro efeito é como ferida, este segundo é como chaga já aberta e permanente. Falando dessa chaga nos Cantares, dirige-se o Esposo à alma nestes termos: "Chagaste meu coração, irmã minha, chagaste meu coração com um de teus olhos, e com um cabelo de teu colo" (Ct 4,9). O olho simboliza aqui a fé na encarnação do Esposo, e o cabelo significa o amor da mesma encarnação.

4. A terceira maneira de penar no amor é como morrer; tem já então a chaga afistulada, ou, antes, a própria alma está toda feita uma fístula, e assim vive a morrer, até que, matando-a o amor, faça-a viver vida de amor, transformando-a em amor. Este morrer de amor é produzido na alma mediante certo toque de notícia altíssima da Divindade, e é o "não sei quê", referido nesta canção, apenas balbuciado; toque não contínuo nem muito intenso, pois, se o fosse, desatar-se-ia a alma do corpo; pelo contrário, passa depressa, e a deixa morrendo de amor, tanto mais que não acaba de morrer de amor. Isto é o que se chama "amor impaciente", e dele se trata no Gênesis, quando a Escritura diz ter sido tão grande o amor de Raquel no desejo de conceber filhos que disse a seu esposo Jacó: "Dá-me filhos, senão morrerei" (Gn 30,1). É como se a alma dissesse: "Quem me dará a mim, que aquele que me começou a matar, esse me acabe?"

5. Estas duas maneiras de penar no amor, a saber, a chaga e a morte, são causadas pelas criaturas racionais, como diz a alma na canção presente. Refere-se à chaga, quando declara

que as criaturas lhe vão relatando mil graças do Amado, nos mistérios da Sabedoria de Deus, ensinados pela fé. O morrer é significado pela alma quando diz que "ficam balbuciando", e refere-se ao sentimento e notícia da Divindade, manifestada algumas vezes no que a alma ouve dizer. Por isso, prossegue:

E todos quantos vagam

6. As criaturas racionais, compreende a alma, aqui, por "todos quantos vagam", a saber, os anjos e os homens. Entre todas as criaturas, somente estas se ocupam em Deus com a capacidade de o conhecer. É a significação do vocábulo "vagam", o qual em latim diz *vacant*. E, assim, quer dizer: todos quantos "vagam" a Deus, isto é, se ocupam de Deus. Isto fazem uns, contemplando-o e gozando-o no céu, como os anjos; outros, amando-o e desejando-o na terra, como os homens. Por meio dessas criaturas racionais a alma conhece a Deus, ora pela consideração da excelência divina sobre todas as coisas criadas, ora pelo que elas nos ensinam a respeito de Deus; as primeiras o revelam por inspirações secretas, como fazem os anjos; as segundas, que são os homens, pelas verdades da Sagrada Escritura. É o que leva a alma a dizer:

De ti me vão mil graças relatando

7. Isto é, dão-me a compreensão de admiráveis realidades de tua graça e misericórdia nas obras de tua encarnação, bem como nas verdades da fé que de ti me declaram e me vão sempre referindo mais e mais; porque, quanto mais quiserem dizer, mais graças poderão descobrir-me de ti.

E todos mais me chagam

8. Enquanto os anjos me inspiram, pois, e os homens me ensinam, a teu respeito, mais me enamoram de ti, e assim todos eles mais me chagam.

E deixa-me morrendo
Um "não sei quê", que ficam balbuciando

9. Como se dissesse: além de me chagarem essas criaturas, nas mil graças que me dão a entender de ti, há ainda um "não sei quê" inexprimível que se sente restar por dizer. É como um altíssimo rastro de Deus a descobrir-se à alma, ficando, todavia, somente no rastro; ou como uma elevadíssima compreensão de Deus, que não se sabe expressar; e, por isso, a alma aqui o chama um "não sei quê". Se, em outros conhecimentos mais compreensíveis para mim, me sinto ferida e chagada de amor, neste que não acabo de entender, embora tenha dele tão subida experiência, sinto-me morrer. Assim acontece, por vezes, às almas já adiantadas, às quais faz Deus esta mercê: naquilo que ouvem, veem ou entendem, e mesmo, por ocasiões, sem qualquer desses meios, concede-lhes o Senhor uma subida notícia, em que lhes é dado entender ou sentir a grandeza e transcendência de Deus. Neste sentimento, experimenta a alma uma impressão tão elevada do mesmo Deus que claramente tem a convicção de ficar tudo por entender. E esse sentir e entender quão imensa é a Divindade, a ponto de jamais poder ser totalmente compreendida, é sobremaneira elevado. Uma das grandes graças, pois, que, de passagem, Deus faz nesta vida a uma alma é dar-lhe claramente uma compreensão e estima tão subida de si mesmo que entenda com evidência não ser possível compreendê-lo ou senti-lo tal como Ele é. Sucede, de certo modo, como aos bem-aventurados na visão beatífica: os que conhecem a Deus mais de perto entendem mais distintamente o infinito que lhes fica por conhecer; aqueles, porém, que o veem menos não percebem com tanta distinção o que lhes resta ainda por ver, como acontece aos primeiros.

10. Não chegará à perfeita compreensão disso, penso eu, quem não o houver experimentado. Só a alma que o experimenta, vendo que lhe fica por entender aquilo que tão altamente sente, chama-lhe "um não sei quê". E se não o compreende,

muito menos o sabe dizer, embora, como explicamos, bem o saiba sentir. É esta a razão de alegar que as criaturas ficam balbuciando, pois não lho acabam de descobrir. É o que significa a palavra balbuciar, a saber, fala de crianças, não acertando a exprimir e manifestar o que há por dizer.

Canção VIII

> Mas como perseveras,
> Ó vida, não vivendo onde já vives?
> Se fazem com que morras
> As flechas que recebes
> Daquilo que do Amado em ti concebes?

Explicação

1. Como a alma se vê morrer de amor, segundo acaba de dizer, e, no entanto, não acaba de morrer para ir gozar do Amor com liberdade, queixa-se da duração da vida corporal por cuja causa se lhe retarda a vida espiritual. Nesta canção, pois, fala com a mesma vida de sua alma, encarecendo a dor que lhe causa. O sentido da canção é o seguinte: Vida de minha alma, como podes perseverar nesta vida carnal, que é para ti morte e privação daquela verdadeira vida do espírito em Deus, na qual, por essência, amor e desejo, mais realmente vives do que no corpo? E se não fosse tal motivo suficiente para saíres deste corpo de morte, a fim de viveres e gozares a vida de teu Deus, como podes ainda permanecer em corpo tão frágil? Além disso, bastariam por si mesma, para acabar-te a vida, as feridas de amor que recebes, com a comunicação das grandezas da parte do Amado, pois todas elas te deixam veementemente ferida de amor. E, assim, recebes tantos toques e feridas que matam de amor quantas são as maravilhas que do Amado sentes e entendes.

Segue-se o verso:

Mas como perseveras,
Ó vida, não vivendo onde já vives?

2. Para compreender estas palavras, é necessário saber que a alma vive mais onde ama do que no corpo que ela anima; porque não tira sua vida do corpo, antes o vivifica, e ela vive por amor naquilo que ama. Além dessa vida de amor que faz viver em Deus a alma que o ama, tem ela natural e radicalmente sua vida em Deus, como o têm todas as coisas criadas, segundo diz São Paulo por estas palavras: "Nele vivemos, nos movemos e somos" (At 17,28), isto é, em Deus temos a nossa vida, nosso movimento e nosso ser. Declara também São João que "tudo quanto foi feito era vida em Deus" (Jo 1,4). A alma percebe muito bem que a sua vida natural está em Deus, pelo ser que nele tem; e que igualmente está nele a sua vida espiritual, pelo amor com que o ama. Daí a sua queixa e mágoa de que tenha tanto poder uma vida tão frágil, em corpo mortal, a ponto de impedir-lhe o gozo de outra vida em Deus por natureza e amor. É grande aqui o encarecimento com que a alma se exprime, manifestando seu pesar em padecer dois contrários, a saber: vida natural no corpo e vida espiritual em Deus. De fato, são dois contrários, porque um repugna ao outro, e vivendo ela em ambos, forçosamente há de sofrer grande tormento. A vida penosa lhe impede a vida saborosa, pois a vida natural é como morte para a alma, por privá-la da vida espiritual em que tem todo o seu ser e existência por natureza, e todas as suas operações e afeições por amor. A fim de melhor dar a entender o rigor dessa frágil vida, acrescenta logo:

Se fazem com que morras
As flechas que recebes

3. Como a dizer: além de tudo, como podes perseverar no corpo, se para tirar-te a vida bastam somente os toques de amor (simbolizados pelas flechas), dados pelo Amado em teu coração? Esses toques de tal maneira fecundam a alma e o coração em inteligência e amor de Deus que bem se pode dizer que concebe de Deus, como o exprime o verso seguinte com estas palavras:

Daquilo que do Amado em ti concebes?

4. Querendo significar: da grandeza, formosura, sabedoria, graça e virtudes que no Amado percebes.

Anotação para a canção seguinte

1. O cervo, quando está ervado, não descansa nem sossega, buscando aqui e ali remédios; mergulha-se, ora em certas águas, ora em outras; e, todavia, sempre vai crescendo mais ainda, em todas as ocasiões, e com os remédios que toma, aquele toque da erva, até apoderar-se inteiramente do coração e dar-lhe a morte. Assim acontece à alma que anda tocada da erva do amor, como esta de que falamos: nunca cessa de buscar remédios para sua pena, mas, longe de os achar, tudo quanto pensa, diz e faz, antes lhe serve para aumentar seu sofrimento. Conhece bem esta verdade, e vê que não tem outro remédio senão pôr-se nas mãos de quem a feriu, para que Ele, livrando-a de toda pena, acabe de matá-la com a força do amor. Volta-se, então, para seu Esposo, que é o causador de tudo isto, e diz-lhe a seguinte canção:

Canção IX

> Por que, pois, hás chagado
> Este meu coração, o não saraste?
> E, já que mo hás roubado,
> Por que assim o deixaste
> E não tomas o roubo que roubaste?

Explicação

2. Volve, pois, a alma, nesta canção, a falar com seu Amado, queixando-se de sua dor; porque o amor impaciente, de que a alma mostra aqui estar possuída, não sofre dilações nem dá descanso à sua pena, e propõe de todos os modos as suas ânsias,

até encontrar o remédio. Vê-se chagada e sozinha, sem ter quem a possa curar ou dar-lhe remédio, a não ser o seu Amado, que a chagou. Diz, portanto, a Ele: Se lhe abriu uma chaga no coração com o amor de seu conhecimento, por que não curou esse coração com a vista de sua presença? Se também lho há roubado pelo amor com que a enamorou, arrancando-o à posse da alma, qual o motivo de o deixar assim, sem mais pertencer a ela? – Quem ama, é certo que já não possui o coração, pois o deu ao Amado. – Pergunta-lhe ainda a Esposa: Por que não pôs de uma vez o coração dela no dele, tomando-o inteiramente para si, em perfeita e acabada transformação de amor na glória?

E assim diz:

> *Por que, pois, hás chagado*
> *Este meu coração, o não saraste?*

3. Não se queixa porque o Amado a chagou, pois o enamorado, quanto mais ferido, mais recompensado se sente. Sua querela é porque, havendo Ele chagado o coração da amada, não o curou, acabando-a de matar. As feridas de amor são tão suaves e deleitosas que não podem satisfazer a alma, senão quando a fazem morrer. São, contudo, de tal modo saborosas que a mesma alma desejaria que a chagassem até acabarem por matá-la. Esta é a razão de exclamar: "Por que, pois, hás chagado este meu coração, o não saraste?" Como se dissesse: Por que, se o feriste até chagá-lo, não o saras, acabando-me de matar de amor? És tu a causa da chaga, produzindo doença de amor: sê também a causa da saúde, em morte de amor; desta maneira, o coração que está chagado com a dor de tua ausência ficará curado com o deleite e a glória de tua doce presença. E acrescenta:

> *E, já que mo hás roubado,*
> *Por que assim o deixaste?*

4. Roubar não é outra coisa senão desapropriar a alguém do que é seu, e apoderar-se disso quem rouba. Esta queixa apresenta aqui a alma ao Amado e lhe diz: uma vez que lhe

roubou o coração por amor, tirando-o da sua posse e poder, por que o deixou assim, sem se apoderar de todo, e não o tomou inteiramente para si, como faz o ladrão com o objeto roubado, levando-o, de fato, consigo?

5. Por esta razão diz-se do enamorado que tem o coração roubado, ou arroubado, por aquele a quem ama, pois o tem fora de si, e posto no objeto amado; não tem mais coração para si, pois só o tem para aquele que ama. Nisto conhecerá deveras a alma se ama a Deus puramente, ou não: se na verdade o ama, não terá coração para si mesma nem para reparar no próprio gosto ou proveito; só o terá para honra e glória de Deus, e para dar-lhe gosto. Quanto mais tem coração para si mesma, menos o tem para Deus.

6. Verificar-se-á se o coração está bem roubado por Deus em uma destas duas coisas: se tem ânsias de amor por Deus, se não gosta de outra coisa senão dele, como sucede agora à alma. A razão é esta: não pode o coração humano estar em paz e sossego sem alguma posse, e, quando está bem preso, já não se possui a si mesmo nem a coisa alguma, como dissemos. Se, no entanto, não possui ainda perfeitamente o objeto amado, sentirá inquietação na mesma medida em que Ele lhe falta, e só descansará quando o possuir de modo a satisfazer-se. Até então estará sempre a alma como um recipiente vazio que espera ser enchido, ou como um faminto que deseja comida; ou como o enfermo que suspira pela saúde, e como quem estivesse suspenso no ar sem ter onde se apoiar. Desta forma está o coração bem enamorado. E sentindo-o aqui a alma, por experiência, diz: "Por que assim o deixaste?" Isto é, vazio, faminto, solitário, chagado e doente de amor, suspenso no ar.

E não tomas o roubo que roubaste?

7. Por assim dizer: por que não tomas o coração que roubaste por amor, a fim de o encher e fartar, fazendo-lhe companhia, curando-o, e, enfim, concedendo-lhe estabilidade e repouso perfeito em ti? A alma enamorada, por maior conformidade

que tenha com o Amado, não pode deixar de desejar a paga e o salário de seu amor, e por causa dessa recompensa é que serve ao Amado. Do contrário, não seria verdadeiro amor, porque o seu salário e paga não é outra coisa, nem tem aqui a alma outro desejo, senão mais amor, até chegar à perfeição do mesmo amor. Na verdade, o amor não se paga a não ser com o próprio amor; assim o deu a entender o Profeta Jó, quando disse, sentindo ânsia e desejo semelhantes aos da alma nesta canção: "Assim como o servo deseja a sombra, e o jornaleiro o fim de sua obra, também tive vazios os meses e contei as noites trabalhosas para mim. Se dormir, direi: Quando chegará o dia em que me levantarei? E logo volverei outra vez a esperar a tarde, e serei cheio de dores até as trevas da noite" (Jó 7,2). O mesmo acontece à alma abrasada no amor de Deus: deseja a perfeição do amor, para achar nele o descanso completo, assim como o servo fatigado pelo estio deseja o alívio da sombra; e, à semelhança do mercenário que espera o fim da obra, espera também ela que termine a sua. Note-se bem não ter dito o Profeta Jó que o jornaleiro aguardava o fim de seu labor, mas sim o término de sua obra. Nisto dá a entender o que vamos explicando, isto é, como a alma que ama não espera o fim de seu trabalho, mas o fim de sua obra, porque esta sua obra é amar. É, portanto, da obra do amor que espera o fim e remate, o qual consiste na perfeição e acabamento do amor de Deus. Até realizar-se a sua aspiração, está sempre como essa figura descrita por Jó, achando os dias e meses vazios, e contando as noites trabalhosas e prolongadas para si. Na explicação acima ficou demonstrado que a alma amante de Deus não há de pretender nem esperar outro galardão de seus serviços, a não ser a perfeição do divino amor.

Anotação para a canção seguinte

1. Quando a alma chega, no amor, a este extremo, está como um enfermo muito fatigado, o qual, havendo perdido o gosto e apetite, tem fastio de todos os manjares, e com todas

as coisas se cansa e incomoda. Em tudo quanto lhe vem ao pensamento, ou se oferece à sua vista, só tem um apetite e desejo: o de sua saúde. Qualquer outra coisa que não o leve a isto se torna, para Ele, pesada e aborrecida. A alma atingida desta doença do amor divino manifesta, portanto, três propriedades. A primeira é ter sempre presente aquele "ai!" de sua saúde, que é seu Amado, em todas as coisas que se lhe oferecem a tratar; embora obrigada a ocupar-se nelas, por não poder escusar, tem sempre o coração fixo no Esposo. A segunda, proveniente da primeira, é ter perdido o gosto para tudo. A terceira, consequente à segunda, é achar aborrecidas e pesadas não só todas as coisas, mas ainda quaisquer relações.

2. A conclusão que podemos tirar de tudo isso é a seguinte: como a alma tem agora o paladar da vontade afeito e deliciado neste manjar do amor de Deus, em qualquer coisa ou ocasião que se apresenta, logo incontinenti se inclina a buscar seu Amado, gozando-o naquilo, sem fazer caso de outros gostos ou conveniências. Assim o fez Maria Madalena, quando andava a procurar seu Mestre no horto; pensando que o hortelão fosse Ele, disse-lhe, sem qualquer razão e acordo: "Se tu mo tomaste, dize-me, e eu o buscarei" (Jo 20,15). A alma, nesta canção, traz em si a mesma ânsia de achar o Amado em todas as coisas; não o achando logo à medida de seu desejo, antes muito ao contrário, não somente lhe falta o gosto nelas, mas também lhe causam tormento, às vezes grandíssimo. Semelhantes almas padecem muito no trato com o mundo e outros negócios, pois mais a estorvam do que a ajudam na sua pretensão.

3. Estas três propriedades, bem mostrou ter a Esposa dos Cantares, quando buscava seu Esposo, dizendo: "Busquei-o e não o achei. Acharam-me os que rodeavam a cidade, e chagaram-me, e os guardas dos muros me tiraram o manto" (Ct 5,6-7). Os que rodeiam a cidade, são os tratos do mundo; quando encontram alguém à procura de Deus, então lhe fazem muitas chagas de dores, penas e desgostos, em razão de a alma não achar neles o que pretende, mas, ao contrário, só lhe servirem de impedimento. Os que defendem o muro da con-

templação, para que a alma não possa entrar, são os demônios e os negócios mundanos; tiram-lhe o manto da paz e quietude dessa amorosa contemplação, e com isto sofre a mesma alma, enamorada de Deus, mil aborrecimentos e contrariedades. E ao ver como não pode livrar-se deles, nem pouco nem muito, enquanto estiver aqui na terra, prossegue as súplicas ao seu Amado, dizendo a seguinte canção:

Canção X

> Extingue os meus anseios,
> Porque ninguém os pode desfazer;
> E vejam-te meus olhos,
> Pois deles és a luz,
> E para ti somente os quero ter.

Explicação

4. A alma continua, portanto, na presente canção, a pedir ao Amado se digne pôr termo às suas ânsias e penas, visto como não há outro senão Ele só que o possa fazer. Pede que seja de modo a tornar-se possível contemplá-lo com seus próprios olhos, pois é o Amado a sua luz, e a alma não os quer empregar em outra coisa a não ser unicamente nele. Então diz:

Extingue os meus anseios

5. O desejo veemente do amor tem esta peculiaridade que já observamos: toda ação ou palavra, não conforme àquilo que a vontade ama, produz nela cansaço, fadiga e aborrecimento; torna-a insatisfeita por ver que não se realiza o seu desejo. A todas essas inquietações, em sua sede de ver a Deus, a alma chama aqui "anseios", os quais nada poderia dissipar a não ser a posse do Amado. Suplica-lhe, pois, que os venha extinguir com sua presença dando-lhes refrigério, como faz a água fresca ao que está abatido pelo calor. Emprega, de propósito, a palavra "extingue" para mostrar que está padecendo com fogo de amor.

Porque ninguém os pode desfazer

6. Para mover o Amado e melhor persuadi-lo a atender seu pedido, a alma afirma que só Ele, exclusivamente, é capaz de satisfazer sua necessidade; e, portanto, seja Ele próprio que apague os seus anseios. Notemos, a este propósito, como é verdade que Deus está bem prestes a consolar uma alma e satisfazer suas necessidades, quando ela não acha contentamento nem pretende consolo algum fora dele. E, assim, quando a alma não tem coisa que a entretenha fora de Deus, não pode ficar muito tempo sem receber a visita do Amado.

E vejam-te meus olhos

7. Quer dizer: Veja-te eu face a face com os olhos de minha alma,

Pois deles és a luz

8. A luz sobrenatural dos olhos da alma, sem a qual permanece em trevas, é Deus; mas aqui ela o chama luz de seus olhos, por encarecimento de amor, assim como costuma fazer quem muito ama a pessoa amada, a fim de declarar-lhe sua afeição. É como se dissesse nos dois versos acima: se os olhos de minha alma outra luz não têm por natureza e por amor, senão a ti, vejam-te meus olhos, pois, de todos os modos, és deles a luz. Essa luz parecia faltar a Davi quando com pesar exclamava: "A luz dos meus olhos, essa não está comigo" (Sl 37,11). E a Tobias, quando disse: "Que gozo poderá ser o meu, pois estou sentado em trevas e não vejo a luz do céu?" (Tb 5,12). Nessa luz desejava ele a clara visão de Deus, porque a luz do céu é o Filho de Deus, conforme declara São João: "A cidade celestial não tem necessidade de sol nem de luz que brilhem nela, porque a claridade de Deus a alumia e a sua lucerna é o Cordeiro" (Ap 21,23).

E para ti somente os quero ter

9. Assim dizendo[3], quer a alma obrigar o Esposo a que lhe permita ver essa luz de seus olhos; não só porque, sem ter outra, ficará nas trevas, mas também pela razão de não os querer ter para coisa alguma fora dele. Muito justamente sofre a privação da luz divina a alma que põe os olhos de sua vontade em outra luz, querendo possuir algo fora de Deus, pois nisto tem impedida a vista para receber a iluminação dele. Assim também é conveniente que mereça receber a luz divina aquela alma que fecha os olhos a todas as coisas para os abrir somente a Deus.

Anotação para a canção seguinte

1. É preciso saber que o amoroso Esposo das almas não as pode ver sofrendo muito tempo sozinhas, como acontece a esta de que vamos tratando. Conforme Ele próprio diz pelo Profeta Zacarias, as penas e queixas daquelas que ama lhe tocam nas pupilas dos olhos (Zc 2,8), principalmente quando os sofrimentos de tais almas são por seu amor. A mesma coisa diz também por Isaías: "Antes que eles clamem, eu ouvirei, ainda estando com a palavra na boca, os escutarei" (Is 65,24). E o Sábio, referindo-se a Deus, tem estas palavras: "Se o buscar a alma como ao dinheiro, achá-lo-á" (Pr 2,4). Assim, a esta alma enamorada, que busca o Amado com maior cobiça do que ao dinheiro – pois deixou todas as coisas e a si mesma por seu amor –, parece que Deus manifestou alguma presença espiritual de si, atendendo a esses rogos tão inflamados. Nessa presença revelou alguns vislumbres muito profundos de sua divindade e formosura, e com isso aumentou muito mais o

---

3. A 1ª redação do *Cântico* começa aqui com estas palavras: "No verso antecedente, a alma deu a entender como seus olhos estarão em trevas sem a vista do seu Amado, pois é ele sua luz; e com isto o obriga a dar-lhe esta luz da glória. No verso atual, mais ainda quer obrigar o Esposo…".

fervor da alma e o desejo de o ver. Costumam, às vezes, jogar água na frágua, para que cresça e se inflame mais o fogo: assim também faz o Senhor com algumas almas chegadas a essas calmas de amor. Dá-lhes certos visos de sua excelência, para mais afervorá-las e as ir dispondo melhor para as mercês que lhes quer fazer depois. Como a alma percebeu e sentiu, naquela obscura presença, o sumo bem e a divina formosura ali encoberta, morrendo em desejo de vê-la, diz a canção seguinte:

Canção XI

> Mostra tua presença!
> Mate-me a tua vista e formosura;
> Olha que esta doença
> De amor jamais se cura,
> A não ser com a presença e com a figura.

Explicação

2. Deseja a alma ver-se enfim possuída por este grande Deus cujo amor lhe roubou e feriu o coração; e, não podendo mais suportar, pede determinadamente nesta canção que lhe descubra e mostre sua formosura, isto é, sua divina essência, e, para isto, lhe venha dar a morte com a sua vista; que a desprenda de uma vez do corpo com o qual não o pode ver e gozar conforme deseja. Representa ao Amado a doença e ânsia do coração, em que persevera penando por seu amor, sem poder achar outro remédio a não ser essa gloriosa vista de sua divina essência. Segue-se o verso:

Mostra tua presença

3. Para explicação disso é necessário saber que há três espécies de presença de Deus na alma. A primeira é por essência: desta maneira está Ele presente não só nas almas boas e santas, mas também nas más e pecadoras, assim como em todas as criaturas;

porque com essa presença essencial lhes dá vida e ser; se lhes faltasse, todas se aniquilariam deixando de existir, e, portanto, com esta espécie de presença, sempre permanece na alma. A segunda é a presença pela graça, em que Deus habita na alma, satisfeito e contente com ela; nem todas gozam dessa espécie de presença, pois as que estão em pecado mortal perdem-na; e a alma não pode saber naturalmente se a possui. A terceira é por afeição espiritual, e em muitas almas piedosas costuma Deus conceder algumas manifestações espirituais de sua presença, por diversos meios, a fim de proporcionar-lhes consolação, deleite e alegria. Essas presenças são também, como todas as outras, encobertas; nelas, Deus não se mostra tal qual é, porque não o sofre a condição desta vida mortal. Assim, de qualquer espécie de presença, pode ser entendido o verso já citado: "mostra tua presença".

4. A alma não pede a Deus que se faça presente nela, pois é certo que Ele o está, ao menos do primeiro modo; pede a manifestação dessa presença, seja natural, ou espiritual, ou afetiva, descobrindo-a de maneira que possa vê-lo em sua divina essência e formosura. E que, assim como por meio de sua presença essencial, está Ele dando ser natural à alma, e pela presença da graça a aperfeiçoa, também a glorifique manifestando-lhe sua glória. A alma de que aqui falamos anda abrasada em fervores e afetos de amor de Deus; e assim essa presença cuja manifestação pede ao Amado deve ser entendida principalmente no sentido de certa presença afetiva em que o Esposo se descobriu a ela. Foi tão sublime essa presença que a alma julgou e sentiu estar ali um imenso Ser encoberto, do qual Deus lhe comunicou alguns vislumbres um tanto obscuros de divina formosura. É tal o efeito produzido por eles na alma que a fazem cobiçar com veemência, desfalecendo no desejo de algo que percebe oculto sob aquela presença, conforme sentia Davi quando disse: "Cobiça e desfalece minha alma nos átrios do Senhor" (Sl 83,3). Na verdade, a alma então desfalece com o desejo de engolfar-se naquele sumo bem que lhe parece presente e, ao mesmo tempo, encoberto; e, embora esteja oculto, mui noto-

riamente experimenta a alma o bem e deleite ali encerrado. Em razão disso, é atraída e arrebatada por esse bem infinito, com maior força do que qualquer coisa natural o é para o seu próprio centro. Com tão extrema cobiça e profundo apetite, não podendo mais conter-se, diz a alma: "Mostra tua presença!"

5. O mesmo aconteceu a Moisés no Monte Sinai. Quando estava na presença de Deus, percebia tão elevados e profundos sinais da grandeza e formosura da divindade do Senhor, ali encoberta, que, não o podendo sofrer, rogou-lhe por duas vezes que mostrasse a sua glória, com estas palavras: "Tu dizes que me conheces pelo meu próprio nome, e que achei graça diante de ti: se na verdade assim é, mostra-me tua face para que te conheça e ache diante de teus olhos a graça divina perfeita que desejo" (Ex 33,13), isto é, mereça chegar ao perfeito amor da glória de Deus. O Senhor, porém, respondeu dizendo: "Não poderás ver a minha face, porque não me pode ver o homem e permanecer vivo" (Ex 33,20). Como se dissera: difícil coisa me pedes, Moisés; porque, é tanta a formosura de meu rosto e tão grande o deleite da vista de meu ser, não poderá suportar tua alma nesta espécie de vida tão fraca. Está a alma ciente desta verdade, seja pelas palavras de Deus a Moisés, seja pelo que ela mesma sente nessa presença velada do Esposo: não o poderá ver em sua divina formosura enquanto estiver em vida mortal, onde, só de o vislumbrar, desfalece. Previne, assim, a resposta que lhe pode ser dada como a Moisés, dizendo:

Mate-me a tua vista e formosura

6. Como a dizer: se é tanto o deleite causado pela vista do teu ser e formosura, que não pode sofrê-la minha alma, sem ter de morrer vendo-a – mate-me, pois, tua vista e formosura.

7. Duas vistas, é sabido, matam o homem, por não poder suportar a força e efeito delas. Uma, é a do basilisco, a qual vista, dizem, mata imediatamente. Outra, é a de Deus. São, porém, muito diferentes em suas causas: porque uma vista mata

com grande veneno, e a outra com imensa saúde e bem de glória. A alma, pois, não faz muito em querer morrer à vista da formosura divina a fim de gozá-la para sempre. Se percebesse um só vestígio da beleza e sublimidade de Deus, não desejaria apenas uma morte, como aqui, para contemplá-la eternamente, mas mil acerbíssimas mortes e sofreria alegremente, a fim de vê-la, apenas por um instante; e, depois de a ter visto, pediria para padecer outras tantas mortes por vê-la outro tanto.

8. Para melhor compreensão deste verso, é necessário saber que a alma fala aqui condicionalmente: ao pedir que a mate aquela vista e formosura, supõe que não a pode ver sem morrer. Se o pudesse, não pediria que a matasse. Querer morrer é, com efeito, imperfeição natural; suposto, porém, que não se coaduna a vida humana corruptível com a vida imarcescível de Deus, então pede: "Mate-me" etc.

9. Esta doutrina expõe São Paulo aos coríntios, quando diz: "Não queremos ser despojados, mas sobrevestidos, a fim de que aquilo que é mortal seja absorvido na vida" (2Cor 5,4), isto é, não desejamos ser despojados da carne, mas revestidos de glória. E o mesmo Apóstolo, vendo como não é possível viver simultaneamente na glória e no corpo mortal, exprime aos filipenses o seu desejo de ser desatado da carne para estar com Cristo (Fl 1,23). Surge, todavia, uma dúvida a esse respeito: Por que motivo os filhos de Israel, em seu tempo, fugiam com temor da vista de Deus, a fim de não morrerem, conforme dizia Manué à sua mulher (Jz 13,22), e esta alma deseja agora morrer com a mesma vista de Deus? Respondemos que por dois motivos. Primeiro: naquele tempo, embora morressem os homens na graça de Deus, não o poderiam ver até que viesse Cristo; muito melhor, portanto, era para eles viver neste mundo aumentando os merecimentos e gozando vida natural do que no limbo, sem merecer, padecendo trevas e ausência espiritual de Deus. E, assim, tinham por grande mercê e benefício de Deus o viver muitos anos.

10. Segundo motivo: em virtude do amor. Como aqueles filhos de Israel não estavam tão fortalecidos no amor de Deus, nem tão amorosamente unidos a Ele, temiam morrer à sua vista. Agora, porém, na lei da graça, em que morrendo o corpo pode a alma ver a Deus, é mais sensato desejar viver pouco, e morrer para o contemplar. Mesmo se assim não fora, a alma que ama a Deus – como esta aqui – não tem medo de morrer à sua vista; porque o verdadeiro amor recebe com igual conformidade tudo quanto lhe vem da parte do Amado, seja coisas prósperas ou adversas e até castigos, só pelo fato de serem queridas por Ele, e nelas acha gozo e deleite. Segundo a palavra de São João, "a perfeita caridade expele todo temor" (Jo 4,18). À alma que ama, não pode ser amarga a morte, pois nela acha todas as doçuras e deleites do amor. Tampouco é triste a sua lembrança, pois traz juntamente a alegria. Também não a agrava nem lhe causa pena, sendo o remate de todos os seus pesares e tristezas e o princípio de todo o seu bem. Antes a tem por esposa e amiga, e com sua memória se goza, como no dia de desposório e bodas, desejando mais ardentemente a chegada desse dia e dessa hora da morte do que desejaram os reis da terra reinos e principados. Dessa espécie de morte diz o Sábio: "Ó morte! Bom é o teu juízo para o homem que se sente necessitado" (Eclo 41,3). Ora, se a morte é boa para quem está necessitado das coisas terrenas – embora não venha satisfazer essas necessidades, senão muito ao contrário, há de despojar o homem de quanto possui –, quanto melhor será o juízo dela para a alma necessitada de amor, como esta de que tratamos, que está clamando por mais amor? Sim, porque não somente não a despojará do que tinha, mas também há de ser causa da consumação de amor tão desejada, satisfazendo plenamente suas necessidades. Tem, pois, razão a alma em atrever-se a dizer sem temor: "Mate-me a tua vista e formosura". Sabe muito bem que, no mesmo instante em que a visse, seria arrebatada à mesma formosura, absorvida na mesma formosura, tornando-se formosa como a própria formosura divina, abastada e en-

riquecida como essa mesma formosura. Por isso diz Davi: "A morte dos santos é preciosa diante do Senhor" (Sl 115,15); o que não poderia ser se não participassem de suas grandezas, pois nada há de precioso diante de Deus senão o que Ele é em si. Assim é que a alma, quando ama, longe de temer a morte, antes a deseja. O pecador, porém, sempre tem medo de morrer, porque suspeita que a morte há de tirar-lhe todos os bens e dar-lhe todos os males. "A morte dos pecadores é péssima", declara Davi (Sl 33,22). É esta a razão de lhes ser amarga a sua memória, como diz o Sábio (Eclo 41,1); por amarem muito a vida deste século, e pouco a do outro, temem grandemente a morte. Quanto à alma que ama a Deus, mais vive na outra vida do que nesta; mais vive, é certo, onde ama do que no corpo onde anima; e assim faz pouco caso da vida temporal. Pede, portanto, ao Amado: "Mate-me a tua vista" etc.

> *Olha que esta doença*
> *De amor jamais se cura,*
> *A não ser com a presença e com a figura*

11. Se a doença de amor não puder ser curada senão com a presença e a figura do Amado, é porque, sendo diferente essa doença das outras comuns, diferente também é seu remédio. Naquelas, para seguir boa filosofia, curam-se contrários com contrários; o amor, porém, só acha cura em coisas conformes a ele. Com efeito, a saúde da alma é o amor de Deus; ora, quando a alma não tem perfeito amor de Deus, não tem perfeita saúde; logo, está enferma, pois a enfermidade não é mais do que falta de saúde. Assim, quando a alma nenhum grau de amor tem, está morta; se tem algum grau desse amor divino, por mínimo que seja, está viva, mas muito debilitada e enferma, pelo pouco amor que tem; e quanto mais o amor for aumentando, tanto mais saúde vai tendo; enfim, chegando ao amor perfeito, será também perfeita sua saúde.

12. Por consequência, é necessário saber que o amor jamais chegará à perfeição até que se juntem os amantes em unidade,

transfigurando-se um no outro; só então estará o amor totalmente perfeito. A alma, nesta canção, sente em si mesma certo debuxo de amor – é a doença referida – e deseja que ele se acabe de pintar com essa figura apenas debuxada que é seu Esposo, o Verbo Filho de Deus, o qual, no dizer de São Paulo, "é o resplendor da glória do Pai e figura de sua substância" (Hb 1,3). Esta é a figura que aqui compreende a alma, e nela deseja transfigurar-se por amor; e, por isso, exclama: "Olha que esta doença de amor jamais se cura, a não ser com a presença e com a figura".

13. Bem se denomina doença o amor não perfeito; porque, assim como o enfermo está debilitado, e não pode trabalhar, também a alma que está fraca no amor o está igualmente para praticar virtudes heroicas.

14. Podemos entender também de outro modo. Quem sente em si doença de amor, isto é, falta de amor, é sinal de que tem algum amor, e, pelo que tem, vê o que ainda lhe falta. Quem não sente faltar-lhe amor, é sinal de que nenhum amor possui, ou então está perfeito nele.

Anotação para a canção seguinte

1. A alma, por este tempo, sente-se atraída com tanta veemência para ir a Deus, como a pedra que vai chegando ao seu centro; ou como a cera que começou a receber a impressão do selo, e não se lhe acabou de gravar a figura dele. Além disso, conhece estar como a imagem que levou só a primeira mão, e ficou apenas no esboço; clama, pois, àquele que nela fez o debuxo, pedindo que a acabe de pintar e modelar. E cheia de uma fé tão iluminada, que a faz vislumbrar certas manifestações divinas muito claras, da grandeza de seu Deus fica sem saber o que faça. Volta-se então para a mesma fé, que encerra e oculta figura e beleza do Amado, e da qual também recebe os debuxos dele e prendas do seu amor. Falando, pois, com a fé, diz a seguinte canção:

Canção XII

> Ó cristalina fonte,
> Se nesses teus semblantes prateados
> Formasses de repente
> Os olhos desejados
> Que tenho nas entranhas debuxados!

Explicação

2. Com imenso desejo suspira a alma pela união do Esposo, e vê que não acha meio nem remédio algum em todas as criaturas. Volve-se, então, a falar com a fé, como a que mais ao vivo lhe há de dar luz sobre o Amado, e a toma por meio para levá-la à realização do que deseja. Na verdade, não há outro meio pelo qual se chegue à verdadeira união e desposório espiritual com Deus, conforme declara o Senhor por Oseias, nestes termos: "Desposar-te-ei na fé" (Os 2,20). E a alma, com o desejo em que arde, diz ao Esposo as palavras seguintes que exprimem o sentido da canção: Ó fé de meu Esposo Cristo! Se as verdades que do Amado infundiste em mim, encobertas com obscuridade e treva – por ser a fé hábito obscuro, no dizer dos teólogos –, manifestasses agora com claridade! Se me descobrisses num momento tudo o que me comunicas por conhecimentos obscuros e indecisos, apartando-te tu mesma de todas essas verdades – porque a fé é coberta e véu das verdades de Deus –, transformando-as de modo perfeito e completo em manifestações de glória! Prossegue assim o verso:

Ó cristalina fonte

3. Chama a fé de "cristalina" por dois motivos: primeiro, por ser de Cristo seu Esposo; segundo, porque tem as propriedades do cristal, sendo pura nas verdades e ao mesmo tempo forte, clara e limpa de quaisquer erros e de noções naturais. Dá-lhe o nome de "fonte", porque dela manam à alma as águas de todos os bens espirituais. Cristo, nosso Senhor, falando com

a Samaritana, deu esse nome de fonte à mesma fé, dizendo que todos aqueles que nele cressem teriam em si uma fonte cujas águas jorrariam para a vida eterna (Jo 4,14). E esta água era o espírito que haviam de receber, pela fé, os crentes (Jo 7,39).

Se nesses teus semblantes prateados

4. As proposições e os artigos que propõe a fé, a alma chama "semblantes prateados". Para compreensão desse verso e dos seguintes, precisamos saber que a fé é aqui comparada à prata, nas proposições que nos ensina; quanto à substância encerrada na fé, e as verdades nela contidas, são comparadas ao ouro. De fato, essa mesma substância que agora cremos, vestida e encoberta com a prata da fé, veremos e gozaremos dela na outra vida sem mais véu, despojado da fé, então, o ouro. Falando a este respeito, Davi diz assim: "Se dormirdes entre os dois coros, as penas da pomba serão prateadas, e as pontas de suas asas serão cor de ouro" (Sl 67,14). Com estas palavras, quero dizer: Se fecharmos os olhos do entendimento às coisas superiores e inferiores (que significa "dormir no meio"), ficaremos na fé, simbolizada na pomba cujas penas prateadas são as verdades que nos ensina; pois, nesta vida, a fé nos propõe essas verdades obscuras e encobertas, razão pela qual são aqui chamadas "semblantes prateados"; no fim, porém, da fé, quando esta se acabar pela clara visão de Deus, então ficará descoberta a substância da fé, não mais revestida de prata, e sim da cor de ouro. A fé, efetivamente, nos dá e comunica o próprio Deus, coberto, todavia, com prata de fé; mas nem por isso deixa de no-lo dar verdadeiramente. É como quem nos desse um vaso de ouro recoberto de prata, que, pelo fato de estar prateado, não deixaria de ser o dom de um vaso de ouro. Assim, quando a Esposa, nos Cantares, desejava a posse do Amado, recebeu de Deus a promessa de que lha daria tanto quanto fosse possível nesta vida, dizendo Ele: "Nós te faremos umas cadeias de ouro, marchetadas de prata" (Ct 1,10). Com isto prometia dar-se a ela encoberto pela fé. Dirigindo-se agora, pois, à fé, exclama

a alma: Oh! Se nesses teus semblantes prateados – que são os artigos já referidos – que cobrem o ouro dos divinos raios, isto é, dos olhos desejados, e acrescenta logo:

> *Formasses de repente*
> *Os olhos desejados*

5. Pelos olhos são simbolizadas, como já dissemos, as verdades divinas e as irradiações de Deus, que, repetimos, nos são propostas nos artigos de fé sob forma velada e indeterminada. Como se dissesse: Oh! Se essas verdades que confusa e obscuramente me ensinas, encobertas sob teus artigos de fé, acabasse de dar-me clara e determinadamente despojadas de véus, como pede o meu desejo! O motivo de chamar aqui olhos a estas verdades é a grande presença do Amado que sente a alma, pois parece que sempre a está olhando, e assim diz:

> *Que tenho nas entranhas debuxados!*

6. Estão debuxados nas entranhas, isto é, na alma, segundo o entendimento e a vontade. De fato, é pela fé que são estas verdades infundidas na alma, segundo o entendimento. Como a notícia delas não é perfeita, diz que estão apenas debuxadas. O debuxo não é perfeita pintura: do mesmo modo, a notícia da fé não é perfeito conhecimento. Assim, as verdades que se infundem na alma pela fé estão como em debuxo; quando forem manifestadas em clara visão, estarão nela como em perfeita e acabada pintura, conforme a palavra do Apóstolo: "Quando vier o que é perfeito" – a clara visão – "acabar-se-á o que é parcial" – o conhecimento pela fé (1Cor 13,10).

7. Além deste debuxo da fé, há na alma que ama outro debuxo de amor, segundo a vontade. Aí se debuxa de tal maneira a figura do Amado, e tão conjunta e vivamente se retrata, quando há união de amor, que verdadeiramente é possível afirmar que o Amado vive no amante, e o amante no Amado; é tão perfeita a semelhança realizada pelo amor na transformação dos amados que podemos dizer: cada um é o outro, e ambos

são um só. Explica-se isto pela posse de si mesmo que um dá ao outro, na união e transformação de amor, na qual cada um se deixa e troca pelo outro; assim, cada um vive no outro, sendo um e outro, entre si, um só, por essa mesma transformação de amor. Isto quis dar a entender São Paulo, quando disse: "Vivo eu, já não eu, mas Cristo é que vive em mim" (Gl 2,20). Ao dizer: "vivo eu, já não eu", mostrou que, embora ele vivesse, não era sua aquela vida, pois estava transformado em Cristo, e sua vida era mais divina do que humana; donde acrescenta que não vivia mais ele, senão Cristo nele.

8. Segundo esta semelhança de transformação, podemos afirmar que a vida do Apóstolo e a vida de Cristo eram uma só e mesma vida, por união de amor. Esta realidade será perfeita no céu, em vida divina, naqueles que houverem merecido ver-se em Deus. Transformados em Deus, viverão vida de Deus, e não vida sua, embora seja sua própria vida porque a vida de Deus será vida sua. Verdadeiramente poderão dizer: vivemos nós, mas não vivemos nós, pois vive Deus em nós. Este estado é possível aqui na terra, como vemos que o foi em São Paulo; não, porém, de modo total e perfeito, mesmo na alma elevada a tão profunda transformação de amor como o matrimônio espiritual, que é o mais alto estado a que se pode chegar nesta vida. Enquanto estamos aqui, toda união se pode chamar "debuxo de amor", comparada àquela perfeita figura de transformação na glória. Quando se alcança, todavia, esse debuxo de transformação, nesta vida mortal, é imensa felicidade, porque nisso se contenta grandemente o Amado. No desejo de ver a Esposa guardá-lo assim, em forma de debuxo, em sua alma, disse-lhe o Esposo nos Cantares: "Põe-me como um selo sobre teu coração, como um selo sobre teu braço" (Ct 8,6). O coração significa a alma, na qual Deus permanece como selo, pelo debuxo da fé, aqui na terra, como ficou referido; o braço simboliza a vontade forte, em que ele está como selo pelo debuxo do amor, conforme também dissemos.

9. De tal maneira anda a alma nesse tempo que não quero deixar de dizer algo sobre isso, embora em breves palavras, mesmo quando por palavras não se possa exprimir. A substância corporal e espiritual que a anima parece secar-se em extrema sede da fonte viva de Deus. Esta sede é semelhante à que sentia Davi quando disse: "Como o cervo deseja as fontes das águas, assim minha alma deseja a ti, Deus. Teve minha alma sede do Deus forte e vivo: quando virei e aparecerei diante da face de Deus?" (Sl 41,3). Fica a alma tão atormentada por esta sede que nada lhe custaria atravessar pelo meio dos filisteus, como fizeram os guerreiros de Davi quando foram encher o vaso de água na cisterna de Belém, que figurava Cristo (1Cr 11,18). Dificuldades do mundo, fúrias dos demônios, penas infernais, tudo seria pouco para a alma sofrer, a troco de engolfar-se no abismo dessa fonte de amor. A este propósito se entendem as palavras dos Cantares: "Forte é a dileção como a morte, e dura é sua emulação como o inferno" (Ct 8,6). Na verdade, não se pode crer quão veemente seja o desejo de possuir aquele bem, e a pena que a alma experimenta, ao ver que, em se aproximando para prová-lo, não lhe é concedido; porque é tanto maior o tormento e dor que se sente com a negação daquilo que se deseja quanto mais de perto e mais à vista se percebe. Falando de modo espiritual, a este respeito, disse Jó: "Antes que coma, suspiro; e como o ímpeto das águas é o rugido e bramido de minha alma" (Jó 3,24). Entende pela comida, a Deus, a quem a alma apetece, pois, na mesma medida do apetite e do conhecimento do manjar, é a pena que por Ele sofre.

Anotação para a canção seguinte

1. A causa de padecer tanto a alma pelo desejo de Deus a este tempo é que vai chegando mais junto dele; consequentemente, vai sentindo mais o vazio de sua ausência e sofrendo trevas muito espessas no interior, onde a purifica e seca o fogo espiritual, a fim de que, purificada, possa enfim unir-se com

Deus. Enquanto não apraz ao mesmo Deus esclarecer a alma com algum raio de luz sobrenatural que o revele, ela só o percebe como intolerável treva; porque, estando o Senhor espiritualmente muito perto, a luz divina obscurece a luz natural com seu excesso. Tudo isto exprimiu bem Davi nestas palavras: "Nuvens e escuridão estão ao redor dele… o fogo irá diante dele" (Sl 96,2). Noutro salmo diz: "Ocultou-se nas trevas como em seu pavilhão, e o seu tabernáculo em redor de si é como água tenebrosa nas nuvens do ar. Diante do resplendor de sua presença há nuvens, granizo e carvões em brasa" (Sl 17,12-13). Assim o sente a alma ao aproximar-se de Deus, e, quanto mais perto chega, com maior força experimenta tudo isso, até que o Senhor a faça penetrar em seus divinos resplendores por transformação de amor. Entrementes, está a alma, sempre como Jó, dizendo: "Quem me dera saber encontrar Deus e chegar até ao seu trono" (Jó 23,3). O Senhor, todavia, em sua imensa piedade, alterna, na alma, trevas e vazios, com regalos e consolações, porque, assim como são as suas trevas, também é a sua luz (Sl 138,12). Com o fim de exaltar e glorificar seus escolhidos é que Deus os humilha e aflige. Desse modo, enviou Ele à alma, em meio aos sofrimentos, certos raios divinos de si mesmo, com tanta glória e força de amor que a comoveram inteiramente, e toda a natureza se lhe desconjuntou. Então, naturalmente amedrontada, cheia de grande pavor, dirige ao Amado as primeiras palavras da canção seguinte, que Ele prossegue depois até o fim.

Canção XIII

> Aparta-os, meu Amado,
> Que eu alço o voo.

Esposo

> Oh! Volve-te, columba,
> Que o cervo vulnerado
> No alto do outeiro assoma,
> Ao sopro de teu voo, e fresco toma.

Explicação

2. Nos grandes desejos e fervores de amor que manifestou a alma nas canções antecedentes, costuma o Amado visitar a Esposa, de modo casto, delicado e amoroso, com grande força de amor. Ordinariamente, na proporção em que foram grandes os fervores e ânsias de amor na alma, soem ser também extremos os favores e visitas de Deus. Vimos como esta alma com tantos anseios desejou contemplar os olhos divinos que descreveu na canção passada; e assim o Amado, satisfazendo esses desejos, descobriu-lhe agora alguns raios de sua grandeza e divindade. Foram tão sublimes, e com tanta força comunicados, que a fizeram sair de si por arroubamento e êxtase. E, como no princípio, costuma isso acontecer com grande prejuízo e temor da natureza, não podendo a alma sofrer tal excesso em corpo tão fraco, diz nesta canção: "Aparta-os, meu Amado". Querendo significar: aparta de mim estes teus olhos divinos, porque me fazem voar e sair de mim mesma à suma contemplação, acima de minha capacidade natural. Assim disse, por lhe parecer que o espírito alçava o voo do corpo, conforme seu desejo. Pede ao Amado que aparte os olhos, isto é, não lhe comunique seus divinos favores estando a alma presa ao corpo, pois não seria capaz de os gozar à vontade, mas que os conceda naquele voo fora da carne. Em vez de satisfazer o desejo da amada, o Esposo apressou-se em impedi-lo e em cortar-lhe o voo, dizendo: Volve-te, columba, porque a comunicação recebida de mim agora não é ainda gloriosa como pretendes. Volve-te a mim, pois sou eu o Esposo a quem buscas, chagada de amor. Também eu, qual cervo ferido de teu amor, começo a mostrar-me a ti em tua alta contemplação, tomando alívio e refrigério no amor dessa tua contemplação. Diz, portanto, a alma ao Esposo:

Aparta-os, meu Amado

3. Conforme já dissemos, a alma inflamada em grandes desejos de contemplar a Divindade do Esposo, simbolizada nesses olhos divinos, recebeu dele interiormente tão sublime comunicação e notícia que chegou a exclamar: "Aparta-os,

meu Amado". Ó miséria imensa de nossa natureza aqui na terra! Aquilo que a alma deseja com mais veemência, sendo para ela vida mais abundante – a comunicação e conhecimento de seu amado –, quando lhe é concedido, não o pode receber sem que lhe custe quase a vida. De sorte que esses mesmos olhos, procurados com tão grande solicitude e ânsia, usando de tantas diligências para os alcançar, quando os recebe vê-se obrigada a dizer: "Aparta-os, meu Amado".

4. Por vezes é tão grande o tormento sentido pela alma em semelhantes visitas de arroubamentos que não há outro que cause tão forte desconjuntamento dos ossos, e ponha em tanto aperto a natureza. E o faz de tal maneira que, se Deus não providenciasse, acabar-se-lhe-ia a vida. Na verdade, assim o experimenta quem passa por isso, pois sente como se a alma fosse desprendida da carne, e desamparasse o corpo. A razão é não ser possível receber semelhantes mercês estando a alma presa ainda ao corpo. O espírito humano é elevado a comunicar-se com o Espírito divino que a ele vem; logo, forçosamente há de desamparar, de certo modo, a carne. Donde padece o corpo e, consequentemente, também a alma no mesmo corpo, pela unidade que têm ambos numa só pessoa. O grande tormento, pois, que sente a alma na ocasião de visitas dessa espécie, e o extremo pavor que causa essa comunicação por via sobrenatural, levam-na a dizer: "Aparta-os, meu Amado".

5. Pelo fato de pedir a alma que os aparte, não se há de entender que ela deseje o afastamento dos olhos divinos. Esse pedido provém apenas do temor natural, como já explicamos. Assim, embora lhe custasse muito mais, não quereria perder essas visitas e mercês do Amado, pois, ainda que o natural padeça, o espírito voa ao recolhimento sobrenatural e aí goza do espírito do Amado, conforme deseja e pede a mesma alma. Não quisera, porém, receber tais graças estando no corpo onde não pode recebê-las com plenitude, mas só aos pouquinhos e com sofrimento. Com o voo do espírito fora da carne é que deseja receber as comunicações divinas, podendo então delas gozar li-

vremente. Por isso disse: "Aparta-os, meu Amado", isto é, não me mostres esses olhos, estando minha alma presa ainda ao corpo,

Que eu alço o voo

6. Como se dissesse: eu alço o voo, saindo da carne, para que mos comuniques fora dela, pois são eles que me fazem voar fora da carne. Para melhor entender qual seja esse voo, é preciso notar como, na visita do Espírito divino, o espírito humano é arrebatado com grande força a comunicar-se com esse Espírito de Deus. Aniquila as forças do corpo, deixando a alma de sentir e de ter nele suas ações, porque as tem agora em Deus. Foi assim que São Paulo pôde dizer, a respeito daquele seu arroubamento, que não sabia se o tivera, estando no corpo ou fora do corpo (2Cor 12,2). Não quer isto significar que a alma destrói e desampara o corpo quanto à vida natural, mas somente deixa de ter nele seu agir. Por isso o corpo perde os sentidos nestes raptos e voos do espírito, e mesmo se lhe causassem grandíssimas dores, não as sentiria. Não é como em outros paroxismos e desmaios naturais, que cessam com a força de uma dor. Experimentam tais sentimentos, nas visitas de Deus, as almas que andam em via de progresso, mas não atingiram ainda o estado de perfeição, porque, ao chegar a este, as comunicações divinas se fazem na paz e suavidade do amor, cessando os arroubamentos que eram concedidos para dispor a alma à perfeita união.

7. Seria aqui lugar conveniente para tratar das diferentes espécies de êxtases, arroubamentos e sutis voos de espírito, que às almas soem acontecer. Como, porém, meu intento não é outro senão explicar brevemente estas canções, conforme prometi no prólogo, ficarão tais assuntos para quem melhor do que eu saiba tratá-los. Além disso, a bem-aventurada Teresa de Jesus, nossa Madre, deixou admiráveis escritos sobre estas coisas de espírito, e, espero em Deus, muito brevemente sairão impressos. Quando, pois, a alma fala aqui do voo, devemos entender que se refere ao arroubamento ou êxtase do espírito a Deus. E logo o Amado lhe diz:

Oh! Volve-te, columba

8. De muito boa vontade se ia a alma fora do corpo naquele voo espiritual; julgava que a sua vida havia já chegado ao fim e poderia então gozar com seu Esposo para sempre, contemplando-o face a face. Eis, porém, o próprio Esposo a deter-lhe o passo, dizendo: "Volve-te, columba". Como se dissesse: Ó columba, no voo alto e ligeiro que tomas em contemplação, no amor em que te abrasas e na simplicidade com que te elevas (estas são as três qualidades da pomba), volve-te, desce desse voo sublime no qual pretendes chegar a possuir-me deveras. Não é ainda chegado o tempo de tão alto conhecimento. Contenta-te agora com este mais baixo que te comunico neste teu arroubo de amor, e é:

Que o cervo vulnerado

9. Compara-se o Esposo ao cervo, dando este nome a si mesmo. Sabemos que é próprio do cervo subir aos montes mais altos e, quando está ferido, vai com grande pressa buscar alívio nas águas frias; e, se ouve a companheira gemer e percebe que está ferida, logo se junta a ela, afagando-a com suas carícias. Assim faz aqui o Esposo: vendo a Esposa ferida do seu divino amor, acorre ao gemido dela, ferido Ele também de amor por sua amada. Entre os que se amam, a ferida de um é de ambos, e o mesmo sentimento têm os dois. É como se o Esposo dissesse: Volve-te, Esposa minha, volve-te a mim, porque se estás chagada pelo meu amor, também eu, como cervo, venho a ti, chagado por tua chaga, e, igualmente como cervo, assomo nas alturas. Por isso prossegue:

No alto do outeiro assoma

10. Quer dizer, pela altura da contemplação que tens nesse voo. Na verdade, é a contemplação um lugar elevado, onde Deus começa a comunicar-se à alma nesta vida, revelando-se a ela; mas não acaba de se revelar totalmente. Eis por que o Es-

poso não diz que se mostra de modo definitivo, e sim que assoma, pois os mais sublimes conhecimentos de Deus, concedidos à alma aqui na terra, são apenas longínquos assomos. Daí vem a terceira propriedade do cervo, conforme vimos explicando, a qual se exprime no verso seguinte:

Ao sopro do teu voo, e fresco toma

11. Pelo voo se entende a contemplação que a alma goza no êxtase já referido, e pelo sopro é simbolizado o espírito de amor causado na alma pelo mesmo voo de contemplação. Com muito acerto é dado aqui o nome de sopro ao amor causado pelo voo, pois o Espírito Santo, que é amor, também se compara ao sopro na Sagrada Escritura, por ser a expiração do Pai e do Filho. E assim como em Deus, é o amor esse sopro de voo que procede da contemplação e sabedoria do Pai e do Filho, por via de expiração, assim de modo análogo o Esposo dá o nome de sopro ao amor que abrasa a Esposa, pois procede da contemplação e do conhecimento que recebe então de Deus. Notemos como não diz o Esposo, nesta passagem, que vem atraído pelo voo, mas pelo sopro do voo. Deus, com efeito, não se comunica à alma propriamente pelo voo que simboliza, conforme dissemos, o conhecimento de Deus, mas sim pelo amor desse conhecimento. O amor é a união do Pai e do Filho: e assim é a união da alma com Deus. Tenha muito embora a alma altíssimas notícias divinas, e a mais elevada contemplação, e a ciência de todos os mistérios, se lhe faltar amor, de nada lhe servirá para unir-se a Deus, como afirma São Paulo (1Cor 13,2). O mesmo Apóstolo também diz: "Tende caridade, que é o vínculo da perfeição" (Cl 3,14). Esta caridade e amor da alma provoca o Esposo a vir correndo para beber nesta fonte de amor de sua Esposa, bem como as águas frescas atraem o cervo sedento e chagado a buscar nelas alívio. Por isso, continua: "E fresco toma".

12. A brisa refresca e dá alívio a quem está fatigado pelo calor; de modo semelhante, este sopro de amor refrigera e con-

sola a alma abrasada em fogo de amor. Este fogo amoroso tem a peculiaridade de inflamar-se mais ainda com o próprio sopro que refresca e ameniza, porque, no amante, é o amor uma chama que arde com o desejo de crescer sempre mais, como acontece à chama de fogo natural. A realização, pois, desse apetite de abrasamento cada vez maior no fervor do amor de sua Esposa – que é o sopro do voo da alma –, o Esposo traduz pelas palavras: "tomar fresco". Como se dissesse: Com o ardor de teu voo, mais se abrasa, porque um amor inflama outro amor. Daqui podemos inferir que Deus só põe sua graça e dileção numa alma na medida da vontade e do amor da mesma alma. Isto há de procurar o bom enamorado que jamais lhe falte, pois é o meio de mover mais a Deus, se assim podemos falar, para que lhe tenha maior amor e se regale mais em sua alma. A fim de seguir neste caminho da caridade é preciso exercitar-se nas características dela, descritas pelo Apóstolo nestes termos: "A caridade é paciente, é benigna, não é invejosa, não age mal, não se ensoberbece, não é ambiciosa, não busca suas coisas, não se altera, não julga mal, não se alegra com a maldade, e se goza na verdade; sofre tudo quanto tem a sofrer; crê todas as coisas que se devem crer, espera tudo, e suporta tudo quanto convém à caridade" (1Cor 13,4-7).

Anotação e argumento das duas canções seguintes

1. Andava esta pombinha da alma a voar pelos ares do amor, sobre as águas do dilúvio de suas amorosas fadigas e ânsias, manifestadas até agora; e não achava onde pousar o pé. Afinal, neste último voo de que falamos, estendeu o piedoso pai Noé a mão de sua misericórdia, recolhendo-a na arca de sua caridade e amor. Isto aconteceu no momento em que, na canção anterior, já explicada, o Esposo disse: "Volve-te, columba". Nesse recolhimento, achando a alma tudo quanto desejava, e muito mais do que se pode exprimir, começa a entoar louvores a seu Amado; refere as grandezas que sente e goza nele, em tal união, pelos termos das duas seguintes canções:

Canções XIV e XV

Esposa

No Amado acho as montanhas,
Os vales solitários, nemorosos,
As ilhas mais estranhas,
Os rios rumorosos,
E o sussurro dos ares amorosos;
A noite sossegada,
Quase aos levantes do raiar da aurora;
A música calada,
A solidão sonora,
A ceia que recreia e que enamora.

Anotação

2. Antes de entrarmos na explicação destas canções é necessário observar – para maior inteligência delas e das que vêm depois – que, neste voo espiritual já descrito, se revela um alto estado e união de amor, ao qual Deus costuma elevar a alma, após muito exercício espiritual, e que chamam "desposório espiritual" com o Verbo, Filho de Deus. No princípio, quando isto se realiza pela primeira vez, o Senhor comunica à alma grandes coisas de si, aformoseando-a com grandeza e majestade; orna-a de dons e virtudes; reveste-a do conhecimento e honra de Deus, bem como a uma noiva no dia de seu desposório. Neste ditoso dia, cessam de uma vez à alma as veementes ânsias e querelas de amor que tinha até aqui; doravante, adornada dos bens já mencionados, começa a viver num estado de paz, deleite e suavidade de amor, tal como é expresso nas presentes canções. Nelas, não faz outra coisa senão contar e cantar as magnificências de seu Amado, conhecidas e gozadas nessa união do desposório. Assim, nas demais canções já não fala de penas e ânsias, como fazia anteriormente, mas só trata da comunicação e do exercício de amor suave e pacífico com seu Amado, porque neste novo estado tudo aquilo fenece. Convém

notar como, nestas duas canções, está descrito o máximo de graças que Deus sói comunicar à alma por este tempo. Não se há de entender, porém, que o faça na mesma medida e igualmente a todas as almas aqui chegadas, nem de modo idêntico ao conhecimento e sentimento que lhes concede. A algumas dá mais, a outras menos; a umas de um modo, e a outras de outro, embora todas as diversidades e medidas possam existir neste estado de desposório espiritual. Aqui se põe, todavia, o máximo possível, porque, assim, nele fica tudo compreendido. Segue-se a explicação.

Explicação das duas canções

3. Notemos que na arca de Noé havia muitas mansões para numerosas espécies de animais, e todos os manjares necessários à sua alimentação, conforme diz a Sagrada Escritura (Gn 6,19-21). Assim também nesse voo que faz até a divina Arca do Peito de Deus, a alma vê claramente as muitas moradas que Sua Majestade afirmou existirem na casa de seu Pai, como lemos no Evangelho de São João (Jo 14,2). E, mais ainda, percebe e conhece ali todos os manjares, isto é, todas as grandezas que a mesma alma pode gozar, as quais estão contidas nessas duas sobreditas canções, e significadas naqueles vocábulos comuns. Em substância, são elas as seguintes.

4. A alma vê e goza, nesta divina união, uma grande fartura de riquezas inestimáveis, achando aí todo descanso e recreação que deseja. Entende estranhos segredos e peregrinas notícias de Deus – o que é outro manjar dos mais saborosos. Sente haver nele tão terrível poder e força que vence toda outra força e poder. Goza também ali admirável suavidade e deleite de espírito, com verdadeira quietude e luz divina, e ao mesmo tempo lhe é dada a experiência sublime da sabedoria de Deus, que brilha na harmonia das criaturas e das ações do Criador. Sente-se cheia de bens; vazia e alheia de males; sobretudo, entende e saboreia inestimável refeição de amor que a confirma no amor. Esta é, pois, a substância do que se contém nas duas canções referidas.

5. Nelas, diz a Esposa que é o Amado todas estas coisas criadas, em si mesmo e para ela mesma; porque, ordinariamente, a comunicação que Deus costuma fazer à alma, em semelhantes excessos, leva-a a experimentar a verdade das palavras de São Francisco: "Meu Deus e meu tudo". Donde, por ser Ele o tudo da alma, e encerrar em si o bem que há em todas as coisas, é expressa aqui esta comunicação desse arroubamento, pela semelhança da bondade e das coisas criadas, as quais são referidas nas presentes canções, conforme iremos declarando em cada verso. Havemos de entender que, tudo quanto agora se declara, está eminentemente contido em Deus, de modo infinito, ou, para melhor dizer, cada uma destas grandezas que se atribuem a Deus, e todas elas em conjunto, são o próprio Deus. E como a alma, neste estado, se une com Ele, tem o sentimento de que todas as coisas são Deus. Assim o experimentou São João, quando disse: "O que foi feito nele era vida" (Jo 1,4). Não se há de pensar, portanto, que a alma, ao traduzir seu sentimento, vê as coisas à luz de Deus ou conhece as criaturas nele, mas que, naquela posse divina, sente que Deus para ela é todas as coisas. Muito menos se deve imaginar que a alma, por sentir tão altamente de Deus nas mercês referidas, vê a Ele claramente em sua divina essência. Trata-se tão somente de uma forte e abundante comunicação, com certo vislumbre do que Deus é em si mesmo, e em que a alma experimenta esta bondade das coisas, a declarar-se nos seguintes versos, a saber:

No Amado acho as montanhas

6. As montanhas têm altura, são fartas, largas e formosas, cheias de encantos, com flores perfumadas. O Amado é, pois, para mim, essas montanhas.

Os vales solitários, nemorosos

7. Os vales solitários são quietos, amenos, frescos; dão sombra, e estão cheios de doces águas; com a variedade de seus arvoredos e o suave canto das aves, proporcionam alegria e deleite ao sentido; com a sua solidão e silêncio, oferecem refrigério e descanso. Esses vales, eis o que é meu Amado para mim.

As ilhas mais estranhas

8. As ilhas estranhas estão cercadas pelo mar e além dos mares, muito apartadas e remotas da comunicação humana; assim, nelas nascem e crescem coisas muito diversas das que há por aqui, com outras maneiras estranhas, e virtudes nunca vistas pelos homens, causando grande novidade e admiração a quem as vê. Por esta razão, em vista das imensas e admiráveis novidades e peregrinas notícias que a alma encontra em Deus, muito afastadas do conhecimento ordinário, denomina-as de "ilhas mais estranhas". Chama-se "estranho" a alguém por um destes dois motivos: ou porque está retirado à parte, longe dos outros homens, ou por ser excelente e singular entre eles, com seus feitos e obras. Por ambos os motivos a alma dá a Deus aqui o nome de estranho; porque, não somente encerra toda a estranheza de ilhas nunca vistas, como também são suas vias, obras e conselhos muito estranhos, novos e admiráveis para os homens. Não é maravilha que Deus seja estranho aos homens que nunca o viram, pois também o é para os anjos e santos que o contemplam. Na verdade, jamais acabam ou acabarão de vê-lo; até o último dia, o do juízo, vão descobrindo nele tantas novidades a respeito dos seus profundos juízos, e das obras de misericórdia e justiça, que sempre lhes causa nova admiração e cada vez mais se maravilham. Donde, não somente os homens, mas também os anjos, podem chamar a Deus "ilhas estranhas"; só para si mesmo não é Ele estranho, nem tampouco para si é novo.

Os rios rumorosos

9. Os rios têm três propriedades. Primeiramente, tudo quanto encontram em sua passagem arrebatam e submergem. Em segundo lugar enchem todos os baixios e vazios que se apresentam diante deles. Em terceiro, fazem tal rumor que todo outro barulho impedem e dominam. Nesta comunicação de Deus, que vamos descrevendo, sente a alma nele essas três propriedades, de modo saborosíssimo, e por isso diz que seu Amado é, para ela, rios rumorosos. Quanto à primeira pro-

priedade, experimentada pela alma, convém saber que de tal maneira se vê investida pela torrente do espírito de Deus, nessa união, e com tanta força o sente apoderar-se dela, que lhe parece transbordarem sobre ela todos os rios do mundo. É como se todos eles a arrebatassem, e se submergissem ali todas as ações e paixões que antes tinha em si mesma. E, por ser esta comunicação divina tão forte, nem por isso se há de julgar que causa tormento; porque estes são os rios de paz, conforme significa o Senhor por Isaías, falando dessa investida dele à alma: "Eis que eu farei correr sobre ela como que um rio de paz e como uma torrente que inunda de glória" (Is 66,12). Quer dizer que Ele investirá sobre a alma como rio de paz, e como torrente que vai redundando glória. Esta investida divina, feita pelo Senhor à alma, como rios rumorosos, a enche de paz e glória. A segunda propriedade, sentida pela alma, é encher com esta água divina os baixios de sua humildade e cumular os vazios de seus apetites, segundo a palavra de São Lucas: "Elevou os humildes. Aos famintos encheu de bens" (Lc 1,52). A terceira propriedade que a alma experimenta, nesses rumorosos rios de seu Amado, é um ruído e voz espiritual acima de todos os sons e ressonâncias, porque esta voz abafa toda outra voz, e seu som excede todos os outros sons do mundo. Na explicação de como seja isto, havemos de nos deter algum tanto.

10. Esta voz, ou ressonante ruído, desses rios, a que se refere aqui a alma, é uma plenitude tão abundante que a cumula de bens; um poder tão vigoroso a possui que não somente lhe soa como rumor de rios, mas também se assemelha a fortíssimos trovões. É, porém, voz espiritual, não encerra ruídos materiais, com o que eles têm de desagradável ou molesto. Ao contrário, traz consigo grandeza, força, poder, deleite e glória. E, assim, repercute como voz e som imenso no interior da alma, revestindo-a de poder e fortaleza. Esta voz e som espiritual ressoou no espírito dos apóstolos, quando o Espírito Santo como impetuosa torrente desceu sobre eles, conforme lemos nos Atos dos Apóstolos (At 2,2). Para que se entendesse a voz espiritual que

neles operava interiormente, ressoou aquele estrondo exterior, como de vento impetuoso, de modo a ser ouvido por todos quantos estavam em Jerusalém; e assim esse som percebido de fora era, como dissemos, sinal do que recebiam os apóstolos dentro da alma, enchendo-os de poder e fortaleza. Refere também o apóstolo São João que, ao rogar o Senhor Jesus ao Pai, em meio à aflição e angústia causada pelos seus inimigos, ouviu-se uma voz saindo do interior do céu, confortando-o em sua humanidade; e os judeus ali presentes ouviram um estrondo tão forte e veemente que diziam uns aos outros: "É um trovão". E alguns mais achavam que havia falado a Jesus um anjo do céu (Jo 12,28). Aquela voz que se ouvia fora significava e revelava a força e o poder de que era investida interiormente a santa humanidade de Cristo. Daí não devemos concluir, entretanto, que a alma não perceba em seu íntimo a ressonância da voz espiritual. É preciso advertir o seguinte: esta voz espiritual indica o efeito produzido por ela na alma, assim como uma voz corporal deixa seu som no ouvido, ao mesmo tempo que é entendida pelo espírito quanto à sua significação. Isto quis significar Davi ao dizer: "Eis que dará à sua voz, voz de virtude" (Sl 67,34). Essa virtude é a voz interior, porque, dizendo Davi que dará à sua voz, voz de virtude, é como se dissesse: à voz exterior que se ouve fora, dará ele voz poderosa que se perceba dentro. Convém, portanto, saber que Deus é voz infinita, e em sua comunicação à alma, do modo que ficou dito, produz efeito de imensa voz.

11. São João refere, no Apocalipse, ter ouvido essa voz, dizendo: "E ouvi uma voz do céu, como o rumor de muitas águas e como o estrondo de um grande trovão" (Ap 14,2). E para que ninguém suponha ser tal voz penosa e áspera, pelo fato de ser tão forte, acrescenta logo o apóstolo que era tão suave como "a voz de tocadores de cítara que tocavam suas cítaras" (Ap 14,2). Diz Ezequiel, por sua parte, que esse ruído, semelhante ao de muitas águas, era como a voz do Deus altíssimo (Ez 1,24), isto é, de modo sumamente elevado e suave comunicava-se a ele.

Essa voz é infinita, porque, já o explicamos, é o mesmo Deus que se comunica, fazendo-se ouvir à alma; adapta-se, todavia, a cada uma, dando sua força conforme a capacidade dela, causando-lhe grande deleite e grandeza. Por isso exclamou a Esposa nos Cantares: "Ressoe a tua voz aos meus ouvidos, porque a tua voz é doce" (Ct 2,14). Segue-se o verso:

E o sussurro dos ares amorosos

12. Duas coisas diz a alma neste verso: "ares" e sussurro". Pelos ares amorosos se entendem aqui as virtudes e graças do Amado, as quais, mediante a dita união do Esposo, investem a alma, e a ela se comunicam com imenso amor, tocando-lhe a própria substância. O sibilar desses ares significa uma elevadíssima e saborosíssima inteligência de Deus e de suas virtudes, a qual deriva ao entendimento, proveniente do toque feito na substância da alma por essas virtudes de Deus; é esse o mais subido gozo que há em todas as mercês recebidas pela alma neste estado.

13. Para melhor compreendê-lo, convém fazer aqui uma observação: assim como na brisa se sentem duas coisas, o toque e o som ou murmúrio, também nesta comunicação do Esposo, a alma percebe outras duas coisas, que são o sentimento de deleite e a compreensão dele. O perpassar da brisa é experimentado pelo sentido do tato, enquanto o sussurro do vento é escutado pelo ouvido; de modo análogo, o toque das virtudes do Amado é percebido e saboreado pelo tato da alma, que significa aqui a substância dela; e a compreensão das mesmas virtudes de Deus é produzida no ouvido da alma, ou seja, no entendimento. Além disso, notemos que a alma sente esse ar amoroso, quando ele a toca deleitosamente, satisfazendo o apetite com que ela desejava tal refrigério; pois o sentido do tato recebe satisfação e gosto com esse toque. Ao mesmo tempo, com este regalo do tato, sente o ouvido grande consolo e prazer no sopro da brisa, e de modo muito superior ao que sente o tato com a viração do ar; porque o ouvido é mais espiritual, em

sua percepção do som, ou, dizendo melhor, aproxima-se mais, em comparação do tato, do que é espiritual, e assim o deleite produzido nele é mais elevado do que aquele causado no tato.

14. Do mesmo modo acontece à alma aqui. Esse toque divino lhe causa profunda satisfação, regalando-a em sua íntima substância; farta suavemente o apetite da alma que aspirava a chegar a tal união. Por esse motivo, Ele dá o nome de "ares amorosos" a esses toques de união divina. De fato, como já dissemos, as virtudes do Amado lhe vão sendo comunicadas amorosa e docemente nesse toque. Daí se deriva no entendimento o sussurro da inteligência. A alma o denomina sussurro porque, à maneira do sussurro natural da brisa, que entra agudamente no pequeno orifício do ouvido, assim também esta sutilíssima e delicada compreensão de Deus penetra, com admirável deleite e sabor, na íntima substância da alma, e esse deleite é incomparavelmente maior do que os outros. A razão disso é ser então concedida à alma uma comunicação de substância apreendida e despojada de acidentes e imagens; é produzida no entendimento passivo ou possível, como chamam os filósofos, porque passivamente, sem que o mesmo entendimento coopere, lhe é comunicada. Está nisto o principal deleite da alma, porquanto o entendimento é sede da fruição, a qual, segundo os teólogos, é a própria visão de Deus. Interpretando esse sussurro como a compreensão substancial da Divindade, pensam alguns teólogos que viu nosso pai santo Elias a Deus naquele sussurro delicado da brisa, percebido pelo profeta à entrada da cova (1Rs 19,12). A Sagrada Escritura chama-lhe "sopro de uma branda viração" porque, da sutil e delicada comunicação recebida no espírito, procedia a compreensão no entendimento. Aqui a alma o denomina "sussurro dos ares amorosos", pelo fato de a amorosa comunicação das virtudes do Amado redundar no entendimento; e por esta razão o chama "sussurro dos ares amorosos".

15. Esse divino sussurro que penetra no ouvido da alma não é somente a substância percebida, como dissemos, mas ainda manifestação de verdades da Divindade, e revelação de

seus ocultos segredos. Com efeito, quando, ordinariamente, a Sagrada Escritura relata alguma comunicação divina, dizendo que foi dada por meio do ouvido, trata-se de manifestação destas verdades puras ao entendimento, ou revelação de segredos de Deus. São revelações ou visões puramente espirituais, dadas exclusivamente à alma, sem cooperação ou ajuda dos sentidos; e, assim, tais comunicações feitas desse modo, por meio do ouvido, são muito elevadas e verdadeiras. Por isso, São Paulo, querendo demonstrar a sublimidade da revelação por ele recebida, não disse que viu ou gozou, mas, sim, "ouviu palavras secretas que não é lícito ao homem dizer" (2Cor 12,4). Daí vem a crença de que o Apóstolo viu a Deus, do mesmo modo que nosso pai santo Elias no sussurro. Assim como o mesmo São Paulo afirma que a fé entra pelo ouvido corporal, também aquilo que nos é dito pela fé, a saber, a substância da verdade compreendida, entra pelo ouvido espiritual. Foi o que quis significar o Profeta Jó, quando, ao receber uma revelação de Deus, falou a Ele nestes termos: "Eu te ouvi com o ouvir de meu ouvido, mas agora te vê meu olho" (Jó 42,5). Palavras estas que nos mostram claramente como ouvir a Deus com o ouvido da alma é o mesmo que o ver com o olho do entendimento passivo de que falamos. Eis por que não disse Jó: eu te ouvi com o ouvir de meus ouvidos, mas de meu ouvido; nem disse: eu te vi com meus olhos, mas com meu olho, que é o entendimento; logo, esse ouvir da alma é ver com o entendimento.

16. Não se há de pensar, no entanto, que esse conhecimento substancial, despojado de acidentes, recebido pela alma conforme o descrevemos, seja perfeita e clara fruição de Deus, como no céu. Despojada muito embora de acidentes, não é visão clara senão obscura, por ser contemplação, a qual, aqui na terra, como diz São Dionísio, é raio de treva. Podemos dizer, sim, que é um raio, ou uma imagem, da fruição divina, porquanto é concedida ao entendimento, onde reside a mesma fruição. Esta substância compreendida, a que a alma aqui denomina "sussurro", é o mesmo que aqueles olhos desejados, os quais se descobriram à alma,

na revelação de seu Amado; e não os podendo sofrer o sentido, a mesma alma exclamou: "Aparta-os, meu Amado".

17. Vem aqui muito a propósito, a meu parecer, uma autoridade de Jó, que confirma grande parte do que expliquei sobre esse arroubamento e desposório. Quero, portanto, referi-la aqui, embora seja preciso deter-me algo mais; e irei declarando os trechos dela que se relacionam com o nosso propósito. Primeiro citarei toda a passagem em latim e logo depois em língua vulgar[4], para então desenvolver brevemente o que convém ao assunto. Em seguida prosseguirei na explicação dos versos da outra canção. Diz, com efeito, Elifaz Temanites, no Livro de Jó: "Mas a mim se me disse uma palavra em segredo e os meus ouvidos, como às furtadelas, perceberam as veias do seu sussurro. No horror de uma visão noturna, quando o sono costuma apoderar-se dos homens, assaltou-me o medo e o tremor, e todos os meus ossos estremeceram. E ao passar diante de mim um espírito, encolheram-se as peles de minha carne. Pôs-se diante de mim alguém cujo rosto eu não conhecia, um vulto diante dos meus olhos, e ouvi uma voz como de branda viração" (Jó 4,12-16). Esta passagem contém quase tudo o que vimos dizendo até chegar a esse arroubamento, desde o verso da Canção XII: "Aparta-os, meu Amado". Nas palavras em que Elifaz Temanites refere como lhe foi dita uma palavra escondida, se compreende aquele segredo comunicado à alma, de tão excessiva grandeza que ela não o pôde sofrer, e exclamou: "Aparta-os, meu Amado".

18. Em dizer que recebeu seu ouvido as veias do sussurro, como às furtadelas, significa a substância despojada de acidentes que recebe o entendimento, conforme explicamos. A palavra "veias" denota aqui a substância íntima; e o "sussurro", a comunicação e o toque de virtudes donde se deriva ao entendimento a mencionada substância. Bem o denomina a alma "sussurro", para indicar a suavidade intensa de tal comunicação, do mesmo modo que a chamou também "ares amorosos", por lhe

---

4. Nesta versão foi omitida a passagem em latim.

ter sido dada amorosamente. Diz ainda que a recebeu "como às furtadelas", porque, assim como aquilo que se furta é alheio, assim também aquele segredo, naturalmente falando, não pertencia ao homem, uma vez que recebeu o que não lhe era natural. Por esta razão, não lhe era lícito recebê-lo, como a São Paulo não era igualmente lícito revelar o seu segredo. Donde um outro profeta afirma duas vezes: "Meu segredo para mim" (Is 24,16). E ao dizer Jó: "No horror da visão noturna, quando o sono costuma apoderar-se dos homens, assaltou-me o medo e o pavor", dá a entender o temor e tremor sentido naturalmente pela alma naquela comunicação de arroubamento que, como explicamos, não pode sofrer a natureza humana, sendo tão excessiva a comunicação do espírito de Deus. Nas palavras do profeta, podemos compreender o seguinte. Assim como de ordinário, no tempo em que os homens adormecem, lhes sucede oprimir e atemorizar uma visão que se chama pesadelo, a qual lhes vem entre o sono e a vigília, isto é, no momento em que começa a chegar o sono, assim também, por ocasião desta passagem espiritual, entre o sono da ignorância natural e a vigília do conhecimento sobrenatural – que é o princípio do arroubamento ou êxtase –, sentem as almas temor e tremor com essa visão espiritual que lhes é então comunicada.

19. Acrescenta mais ainda: "Todos os meus ossos estremeceram", ou se assombraram. É como se dissesse: comoveram-se, ou se desconjuntaram, saindo todos de seus lugares. Isto significa o grande desconjuntamento dos ossos sofrido então, neste tempo, conforme dissemos. É o que exprime muito bem Daniel, quando exclamou, ao ver o anjo: "Senhor, com a tua vista, relaxaram-se as minhas juntas" (Dn 10,16). Continua a dizer a aludida passagem do Livro de Jó: "Como o espírito passasse em minha presença" – isto é, quando era transportado meu espírito além dos limites e vias naturais, no arroubamento já mencionado –, "encolheram-se as peles de minha carne"; aqui é dado a entender o que dissemos do corpo que, nesse arroubamento, fica gelado e hirto, à semelhança de um cadáver.

20. Logo prossegue: "Pôs-se diante de mim alguém cujo rosto me era desconhecido, e, diante de meus olhos, um vulto". Em dizer "alguém", refere-se a Deus que se comunicava à alma da maneira já explicada. Dizendo que não conhecia seu rosto, significa como, em tal visão e comunicação divina, embora altíssima, não se conhece nem vê a face e essência de Deus. Diz, contudo, que percebia um vulto diante dos olhos: aquela inteligência de uma palavra escondida era tão elevada que lhe parecia ser a imagem e rastro de Deus; não era, contudo, a visão essencial de Deus.

21. Conclui, enfim, com estas palavras: "Ouvi uma voz como de branda viração". Aqui entende aquele "sussurro dos ares amorosos", que, no dizer da alma, é para ela o seu Amado. Não havemos de pensar que essas visitas de Deus são sempre acompanhadas de temores e desfalecimentos naturais. Só acontece assim aos que começam a entrar no estado de iluminação e perfeição, quando recebem esta espécie de comunicação divina; porque, a outras almas, isto sucede, antes, pelo contrário, com grande suavidade. Prossegue-se a explicação:

A noite sossegada

22. Durante esse sono espiritual que a alma dorme no peito de seu Amado, possui e goza todo o sossego, descanso e quietude de uma noite tranquila. Recebe, ao mesmo tempo, em Deus, uma abissal e obscura compreensão divina. Por isso diz que seu Amado é, para ela, a noite sossegada

Quase aos levantes do raiar da aurora

23. Esta noite tranquila, como canta aqui a alma, não é semelhante à noite escura. É, antes, como a noite já próxima aos levantes da aurora, ou, por assim dizer, semelhante ao raiar da manhã. O sossego e a quietude em Deus, de que goza a alma, não lhe é de todo obscuro, como uma noite cerrada; pelo contrário, é um repouso e tranquilidade em luz divina, num novo conhecimento de Deus, em que o espírito se acha

suavissimamente quieto, sendo elevado à luz divina. Muito adequadamente dá o nome de levantes da aurora, isto é, manhã, a essa mesma luz divina; porque assim como os levantes matutinos dissipam a escuridão da noite, e manifestam a luz do dia, do mesmo modo esse espírito sossegado e quieto em Deus é levantado da treva do conhecimento natural, à luz matutina do conhecimento sobrenatural do próprio Deus. Não se trata, contudo, de conhecimento claro, senão obscuro, como dissemos, qual noite próxima aos levantes da aurora, em que nem é totalmente noite nem é totalmente dia, mas, conforme dizem, está entre duas luzes. Assim, esta solidão e sossego da alma em Deus nem recebe ainda, com toda a claridade, a luz divina, nem tampouco deixa de participar algum tanto dessa luz.

24. Nesta quietação, o entendimento é levantado com estranha novidade, acima de todo conhecimento natural, à divina iluminação, como alguém que, depois de um demorado sono, abrisse de repente os olhos à luz não esperada. Tal conhecimento foi significado por Davi nestes termos: "Vigiei, e me fiz como pássaro solitário no telhado" (Sl 101,8). Como se dissesse: abri os olhos do meu entendimento, e me achei, acima de todas as inteligências naturais, solitário, sem elas, no telhado, isto é, sobre todas as coisas terrenas. Diz ter feito semelhante ao pássaro solitário, porque, nesta espécie de contemplação, o espírito adquire as propriedades desse pássaro, as quais são cinco. Primeira: ordinariamente se põe ele no lugar mais alto; assim também o espírito, neste estado, eleva-se à mais alta contemplação. Segunda: sempre conserva o bico voltado para o lado de onde sopra o vento; o espírito, de modo semelhante, volve o bico de seu afeto para onde lhe vem o espírito de amor, que é Deus. Terceira: permanece sempre sozinho, e não tolera outros pássaros junto a si; se acontece algum vir pousar onde ele se acha, logo levanta voo. Assim o espírito, nesta contemplação, está sempre em solidão de todas as coisas, despojado de tudo, sem consentir que haja em si outra coisa a não ser essa mesma solidão em Deus. Quarta: canta muito suavemen-

te; o mesmo faz o espírito, para com Deus, por esse tempo, e os louvores que a Ele dá são impregnados de suavíssimo amor, sobremaneira deliciosos para si mesmo e preciosíssimos para Deus. Quinta: não tem cor determinada; assim também o espírito perfeito, não só deixa de ter, neste excesso, cor alguma de afeto sensível ou de amor-próprio, mas até carece agora de qualquer consideração particular, seja das coisas do céu ou da terra, nem poderá delas dizer coisa alguma, por nenhum modo ou maneira, porquanto é um abismo essa notícia de Deus, que lhe é dada.

A música calada

25. Naquele sossego e silêncio da referida noite, bem como naquela notícia da luz divina, claramente vê a alma uma admirável conveniência e disposição da sabedoria de Deus, na diversidade de todas as criaturas e obras. Com efeito, todas e cada uma delas têm certa correspondência a Deus, pois cada uma, a seu modo, dá sua voz testemunhando o que nela é Deus. De sorte que parece à alma uma harmonia de música elevadíssima, sobrepujando todos os concertos e melodias do mundo. Chama a essa música "calada", porque é conhecimento sossegado e tranquilo, sem ruído de vozes; e assim goza a alma, nele, a um tempo, a suavidade da música e a quietude do silêncio. Por esta razão, diz que seu Amado é, para ela, esta música calada, pois nele se conhece e goza essa harmonia de música espiritual. Não somente lhe é isto o Amado, mas também é

A solidão sonora

26. Significa mais ou menos a mesma coisa que a música calada, porque esta música, embora seja silenciosa para os sentidos e potências naturais, é solidão muito sonora para as potências espirituais. Estas, na verdade, estando já solitárias e vazias de todas as formas e apreensões naturais, podem perceber no espírito, mui sonoramente, o som espiritual da excelência de Deus em si e nas suas criaturas. Realiza-se então o que dissemos ter visto São João, em espírito, no Apocalipse, a saber: voz de muitos

citaristas, que citarizavam em seus instrumentos. Isto sucedeu no espírito, e não em cítaras materiais, pois consistia em certo conhecimento dos louvores que cada um dos bem-aventurados, em sua glória particular, eleva a Deus continuamente, qual música harmoniosa. Com efeito, na medida em que cada qual possui de modo diverso os dons divinos, assim cada um canta seu louvor diferentemente, e todos unidos cantam numa só harmonia de amor, como num concerto musical.

27. De modo semelhante, a alma percebe, mediante aquela sabedoria tranquila em todas as criaturas, não só superiores como inferiores, que, em proporção dos dons recebidos de Deus, cada uma dá sua voz testemunhando ser Ele quem é: conhece também como cada qual, à sua maneira, glorifica a Deus, tendo-o em si segundo a própria capacidade. E assim todas estas vozes fazem uma melodia admirável cantando a grandeza, a sabedoria e a ciência do Criador. Tudo isto quis dizer o Espírito Santo no Livro da Sabedoria, por estas palavras: "O Espírito do Senhor encheu a redondeza da terra, e este mundo que contém tudo quanto Ele fez tem a ciência da voz" (Sb 1,7). Esta é a solidão sonora que a alma conhece aqui, como explicamos, e que consiste no testemunho de Deus, dado por todas as coisas em si mesmas. E porquanto a alma não percebe esta música sonora sem a solidão e o alheamento de todas essas coisas exteriores, dá-lhe o nome de "música calada" e "solidão sonora", que, para ela, é o próprio Amado. E mais:

A ceia que recreia e que enamora

28. A ceia, aos amados, causa recreação, fartura e amor. Como estes três efeitos são produzidos pelo Amado na alma, por esta comunicação tão suave, ela aqui o chama "ceia que recreia e que enamora". Notemos como a Sagrada Escritura dá o nome de ceia à visão divina. Com efeito, a ceia é o remate do trabalho do dia e o princípio do descanso noturno; assim também, esta notícia sossegada, a que nos referimos, faz a alma experimentar certo fim de males e posse de bens, em que se

enamora de Deus mais intensamente do que antes. Eis por que o Amado é para ela a ceia que a recreia dando fim aos males, e a enamora dando-lhe a posse de todos os bens.

29. A fim de dar, porém, a entender melhor qual seja para a alma esta ceia que, como dissemos, é o próprio Amado, convém notar aqui o que o mesmo amado Esposo declara no Apocalipse: "Eis que estou à porta e bato; se alguém ouvir a minha voz e me abrir a porta, entrarei – e cearei com ele e ele comigo" (Ap 3,20). Nestas palavras mostra Ele como traz a ceia consigo, e esta ceia não é outra coisa senão o próprio sabor e deleite de que Ele mesmo goza; e, unindo-se à alma, lhos comunica, fazendo com que ela participe de seu gozo, e isto significa cear Ele com ela, e ela com Ele. Nestes termos é simbolizado o efeito da divina união da alma com Deus: os mesmos bens próprios a Deus se tornam comuns à alma Esposa, sendo-lhe comunicados por Ele, de modo liberal e generoso. É, pois, o próprio Amado, para a alma, a ceia que recreia e enamora; sendo generoso, causa-lhe recreação, e, sendo liberal, a enamora.

Anotação

30. Antes de entrar na explicação das outras canções, é preciso advertir agora o seguinte. Dissemos que, no estado de desposório, a alma goza de total tranquilidade, comunicando-lhe Deus o máximo que é possível nesta vida; mas esta afirmação é somente quanto à parte superior da mesma alma, porque a parte inferior, isto é, a sensitiva, não acaba ainda de perder seus ressaibos nem de submeter inteiramente suas forças, até chegar a alma ao matrimônio espiritual, conforme vamos explicar depois. Esse máximo de graças recebido pela alma aqui é relativo do estado de desposório, pois no matrimônio espiritual há maiores vantagens. Nas visitas do Esposo, tão cheias de gozo para a alma, como já descrevemos, todavia, estando ela ainda nos desposórios, padece ausências, perturbações e aflições, provenientes da parte inferior ou do demônio; porém, ao chegar ao matrimônio espiritual, tudo isto cessa.

Anotação para a canção seguinte[5]

1. Eis a Esposa de posse agora, em sua alma, das virtudes já em ponto de total perfeição, gozando de contínua paz nas visitas do Amado. Por vezes, em tais visitas, é tão subido o gozo que lhe causa o perfume suavíssimo dessas mesmas virtudes, por efeito do toque do Amado nelas, que é como se aspirasse a suavidade e beleza de açucenas e outras flores abertas em suas mãos. Com efeito, em muitas ocasiões dessas visitas, percebe a alma em seu íntimo todas as virtudes que possui, dando-lhe o Esposo luz para vê-las; e ela, então, com admirável deleite e sabor de amor, junta-as todas, e as oferece ao Amado, como uma pinha de formosas flores. Nesta oferta, que o Amado recebe então com toda a verdade, a alma serve grandemente a Deus. Tudo isto se passa no íntimo, sentindo a mesma alma estar o Amado nela como em seu próprio leito, pois se ofereceu a Ele juntamente com as virtudes. Esse é o maior serviço que pode fazer a Deus, e, assim, um dos maiores deleites que a alma costuma auferir neste trato íntimo com Ele é esse mesmo dom que faz de si ao Amado.

2. Conhecendo o demônio esta prosperidade da alma (pois, com a grande malícia que lhe é própria, tem inveja de todo o bem que nela vê), usa, a esse tempo, de toda a sua habilidade e põe em jogo todas as suas astúcias para conseguir perturbar, nessa alma, embora em grau mínimo, tão grande bem. Efetivamente, mais estima o inimigo a privação de um só quilate daquela riqueza e glorioso deleite a ela dado do que a queda de muitas outras almas em numerosos e gravíssimos pecados. Estas últimas, pouca coisa ou nada têm a perder, mas a que chegou à união divina, tendo recebido tantas graças valiosas, sofreria na verdade grandíssimo prejuízo, como seria a perda de uma pequena quantidade de ouro finíssimo em comparação a outra maior de metais inferiores. Aproveita-se aqui o demônio dos apetites sensitivos, embora a maior parte das ve-

---

5. A partir daqui, a ordem das canções é diferente nas duas redações do *Cântico*.

zes consiga pouca coisa ou nada em relação às almas chegadas a esse estado, porque já os têm mortificados; e vendo ele que nada pode, representa-lhes à imaginação muitas fantasias. Ocasiões há em que levanta muitos movimentos na parte sensitiva, conforme se dirá depois, causando aí outras perturbações, espirituais ou sensíveis, das quais a alma não tem possibilidade de libertar-se até que o Senhor envie seu anjo (segundo diz o salmo) em socorro dos que o temem, e ele próprio os liberte (Sl 33,8), produzindo, então, paz e tranquilidade tanto na parte sensitiva como na espiritual. A alma, pois, com o fim de exprimir tudo isso e solicitar essa graça, sentindo-se receosa, pela experiência que tem das astúcias do demônio para prejudicá-la nesse tempo, fala agora aos anjos – cujo ofício é favorecê-la em tal ocasião, pondo em fuga os demônios –, e assim diz a canção seguinte:

Canção XVI

> Caçai-nos as raposas,
> Que está já toda em flor a nossa vinha;
> Enquanto destas rosas
> Faremos uma pinha;
> E ninguém apareça na colina!

Explicação

3. Para conservar esse deleite íntimo de amor – que é a flor de sua vinha –, a alma deseja que não lhe causem estorvo os invejosos e maliciosos demônios, nem os furiosos apetites da sensualidade, e, muito menos, as vagueações da imaginação, ou outras quaisquer noções e presenças de criaturas. Por isso, invoca os anjos, pedindo-lhes que cacem todas essas coisas e as impeçam de chegar a ela, para não prejudicarem o exercício de amor interior, em cujo sabor e deleite se comunicam e gozam, nessas virtudes e graças, a alma e o Filho de Deus.

E, portanto, diz:

Caçai-nos as raposas
Que está já toda em flor a nossa vinha

4. A vinha significa o plantio de todas as virtudes que estão nesta santa alma, as quais lhe dão vinho de dulcíssimo sabor. Essa vinha da alma floresce tanto, quando está unida, segundo a vontade, com o Esposo, que o mesmo Esposo acha seus deleites em todas essas virtudes juntas. Acontece algumas vezes, por esse tempo, como dissemos, acudirem à memória e fantasia numerosas e variadas formas de imaginações, levantando-se igualmente na parte sensitiva grande diversidade de movimentos e apetites. Bebendo Davi desse saboroso vinho espiritual, de tantas maneiras e tão variados sentia esses apetites e fantasias que, sob a impressão do estorvo e moléstia por eles causado, disse: "Minha alma teve sede de ti; de quantas maneiras será por ti atormentada desse ardor a minha carne" (Sl 62,2).

5. A alma dá o nome de raposas a todo esse conjunto de apetites e movimentos sensitivos, porque muito se assemelham então a esses animais. De fato, assim como as raposas[6] se fingem adormecidas para apanhar a presa quando vão à caça, também todos esses apetites e forças sensitivas permanecem sossegados e adormecidos até o momento em que as flores de virtudes se despertam e abrem, em seu exercício na alma. Então, simultaneamente, despertam e se levantam na sensualidade as flores de seus próprios apetites e forças, procurando contradizer o espírito e sobre ele reinar. Tal é a cobiça da carne contra o espírito, como diz São Paulo (Gl 5,17), tão grande é a sua inclinação para o que é sensível, que, em gozando o espírito, logo se desgosta e aborrece toda a carne; nessa luta, causam esses apetites grande desassossego à suavidade do espírito. Eis o motivo de dizer a alma: "Caçai-nos as raposas".

---

6. A 1ª redação do *Cântico* diz: "Assim como as ligeiras e astutas raposinhas, com seus saltos ligeiros, costumam destruir e estragar as vinhas no tempo em que florescem, também os astutos e maliciosos demônios, saltando, perturbam a devoção das almas fervorosas".

6. Os maliciosos demônios, de sua parte, molestam aqui de dois modos a alma. Primeiramente, incitam e despertam os apetites sensíveis com muita veemência, e, ao mesmo tempo, outras imaginações e fantasias, para com isto fazerem guerra ao reino pacífico e florido da mesma alma. Segundo – o que é pior –, quando não podem conseguir seu intento, investem sobre ela com tormentos e ruídos corporais, procurando distraí--la. E ainda com mais refinada maldade, combatem-na com temores e horrores espirituais, por vezes terrivelmente penosos. Com efeito, podem os demônios agir assim nessa ocasião, se lhes for dada licença, porque a alma, neste exercício em que se ocupa agora, tem o espírito muito puro, despojado de todo o sensível, e assim pode o inimigo com facilidade apresentar-se a ela, sendo ele também puro espírito. Outras vezes, arremete com outros horrores antes mesmo que a alma chegue a gozar dessas suaves flores, quando Deus começa a tirá-la um pouco da casa dos seus sentidos, e a introduz nesse exercício interior, no jardim do Esposo. Bem sabe o maligno que, uma vez introduzida a alma naquele recolhimento, fica muito amparada, e ele, por mais que faça, não pode causar-lhe dano. Frequentemente, no mesmo instante em que o demônio aqui lhe sai ao encontro, a alma costuma com grande presteza recolher-se no profundo esconderijo do seu próprio interior, onde acha grande deleite e amparo; padece, então, aqueles terrores muito exteriormente e tão de longe que não só deixam de incutir-lhe temor, mas até lhe causam alegria e gozo.

7. De tais terrores fez menção a Esposa nos Cantares, dizendo: "Minha alma ficou toda perturbada por causa dos carros de Aminadab" (Ct 6,11). Entende, aí, por Aminadab, o demônio; chama carros às suas investidas e acometimentos, pela grande veemência, tumulto e ruído que com eles faz o inimigo. Caçai-nos as raposas, diz a alma nesta canção; e a Esposa também emprega as mesmas palavras, ao mesmo propósito, quando pede ao Esposo nos Cantares: "Caçai-nos as raposas pequeninas que destroem as vinhas, porque nossa vinha está

já em flor" (Ct 2,15). Não diz: Caçai-me, mas, sim, caçai-nos, porque fala de si e do Amado, que estão unidos, gozando da flor da vinha. O motivo de dizer que a vinha está em flor, e não com fruto, é que nesta vida, embora se gozem as virtudes com tanta perfeição como aqui o faz esta alma de que tratamos, todavia, é sempre como ainda em flor; pois só na eternidade se poderá gozá-las como em fruto. E logo acrescenta:

Enquanto destas rosas
Faremos uma pinha

8. Nessa época em que a alma está gozando a flor dessa vinha, e deleitando-se no peito de seu Amado, sucede que as virtudes dela se põem logo perfeitas à sua vista, e assim se mostram à alma, proporcionando-lhe grande suavidade e gozo com sua fragrância. A mesma alma as percebe em si e em Deus, à maneira de uma vinha muito florida, cheia de encantos para ela e para Ele, na qual ambos se apascentam e deleitam. Reúne, então, a alma todas essas virtudes, com saborosíssimos atos de amor em cada uma, e em todas juntas, e as oferece assim reunidas ao Amado, com grande ternura e suavidade de amor. Para isto a ajuda o próprio Amado, pois, sem o divino favor e auxílio, não poderia ela fazer esta junta e oferenda de virtudes a seu Esposo. Por este motivo é que diz: "Faremos uma pinha", isto é, o Amado e eu.

9. Dá o nome de pinha a esse conjunto de virtudes por ser a pinha um fruto maciço que contém em si muitos pedaços compactos e fortemente ligados uns aos outros, onde estão as sementes. De modo análogo, esta pinha de virtudes feita pela alma, para seu Amado, é um só todo, compreendendo a perfeição da mesma alma, a qual, forte e ordenadamente, abraça e contém em si muitas perfeições e virtudes fortes, além de riquíssimos dons. Na verdade, todas as perfeições e virtudes estão ordenadas e contidas na única e sólida perfeição da alma; ora, esta perfeição, enquanto está sendo formada pelo exercício das virtudes, e uma vez completa, é uma contínua oferta

da parte da alma ao Amado, em espírito de amor, como vamos dizendo. Convém, portanto, serem caçadas as ditas raposas, a fim de não impedirem a comunicação interior dos dois amados. Não é somente isto que pede a Esposa nesta canção, para poder juntar essas flores em forma de pinha; pede também o que diz no verso seguinte:

E ninguém apareça na colina!

10. Significa por estas palavras como, para esse divino exercício interior, é também necessário solidão e alheamento de todas as coisas que se poderiam oferecer à alma, tanto pela sua parte inferior, isto é, a parte sensitiva, quanto pela parte superior ou racional. Estas duas partes encerram, efetivamente, todo o conjunto de potências e sentidos do homem, a que a alma dá aqui o nome de "colina". Nela, residem e estão situados todos os apetites e conhecimentos da natureza, como a caça sobre o monte; e assim o demônio costuma acometê-la para caçar e fazer presa nesses mesmos apetites e notícias, causando prejuízo à alma. O pedido de que "ninguém apareça na colina" quer dizer: não apareça, diante da alma e do Esposo, representação ou figura alguma de qualquer objeto pertencente às ditas potências ou sentidos. Como se dissessem: em todas as potências espirituais da alma – memória, entendimento e vontade – não haja conhecimentos ou afetos particulares, nem quaisquer outras advertências; em todos os sentidos e potências corporais, seja interiores ou exteriores, imaginação e fantasia, vista, ouvido etc., não apareçam distrações, formas, imagens e figuras, nem representações de objetos à alma, nem mesmo outras operações naturais.

11. Tudo isto pede agora a alma, pois, a fim de poder gozar perfeitamente nessa comunicação com Deus, convém que todos os sentidos e potências, interiores e exteriores, estejam desocupados, vazios e livres de seus respectivos objetos e operações. De fato, quanto mais eles procuram cooperar com o seu exercício, mais estorvam a alma; porque, ao chegar esta a certa maneira de união interior de amor, aí já não participam com sua operação as

potências espirituais, e menos ainda as corporais, em vista de estar realizada e completa a obra unitiva do amor, estando a mesma alma já atuada pelo amor. Neste estado, acabam, portanto, de agir as potências; porque, uma vez alcançado o fim, cessam todas as operações intermediárias. O que faz então a alma[7] é permanecer na assistência amorosa em Deus, ou seja, em contínuo exercício do amor unitivo. E ninguém apareça, pois, na colina: só a vontade apareça, assistindo o Amado na entrega de si mesmo e de todas as virtudes do modo já referido.

Anotação para a canção seguinte

1. Para melhor entender a canção seguinte, convém advertir aqui que as ausências do Amado, sofridas pela alma, neste estado de desposório espiritual, são muito aflitivas; algumas de tal maneira que não há sofrimento comparável a elas. Eis a razão: como o amor que a alma, nesse estado, tem a Deus, é forte e imenso, esse mesmo amor a atormenta imensa e fortemente, na ausência do Amado. Acresce que, nesse tempo, grandemente a molesta qualquer espécie de comunicação ou trato de criaturas. Movida pela grande força daquele profundíssimo desejo da união com Deus, qualquer entretenimento lhe é muito pesado e molesto. Sucede-lhe como à pedra que vai chegando com grande ímpeto e velocidade ao seu centro: se algum obstáculo a impedisse e entretivesse no vácuo, ser-lhe-ia de grande violência. Estando agora a alma já deliciada com estas visitas tão suaves do Amado, tem-nas por mais desejáveis do que o ouro e toda formosura. Por isso, com muito temor de carecer, por um momento sequer, de presença tão preciosa, põe-se a alma a falar com a secura, e com o espírito do Esposo, dizendo esta canção:

---

7. Na 1ª redação do *Cântico*: "O que a alma faz então é estar em exercício saboroso daquilo que já está realizado nela, ou seja, amar em contínua união de amor".

Canção XVII

> Detém-te, Aquilão morto!
> Vem, Austro, que despertas os amores:
> Aspira por meu horto,
> E corram seus olores,
> E o Amado pascerá por entre as flores.

Explicação

2. Além dos motivos referidos na canção passada, é também a secura de espírito uma das causas que impede à alma o gozo dessa seiva de suavidade interior de que falamos acima. Temendo, pois, este obstáculo, a mesma alma faz duas coisas na canção presente. A primeira é impedir a secura, cerrando-lhe a porta por meio de contínua oração e devoção. A segunda é invocar o Espírito Santo, como aquele que há de afugentar esta secura da alma, e ao mesmo tempo manter e aumentar nela o amor do Esposo, pondo-a em exercício interior de virtudes; tudo isto, com o fim de que o Filho de Deus, seu Esposo, nela ache maior deleite e gozo, pois toda a pretensão da alma é dar contentamento ao Amado.

Detém-te, Aquilão morto!

3. O Aquilão é um vento muito frio que seca e emurchece as flores e plantas, ou, pelo menos, faz com que se encolham e fechem quando sobre elas sopra. O mesmo efeito produz na alma a secura espiritual, junto com a ausência afetiva do Amado, quando ela a experimenta; extingue a força, o sabor e a fragrância das virtudes, de que gozava. Por isso lhe dá o nome de Aquilão morto, pois mantém amortecido o exercício afetivo das virtudes na alma; em consequência, diz: "Detém-te, Aquilão morto". Esta exclamação deve ser compreendida como efeito e obra de oração, e de exercícios espirituais, em que a alma se emprega, a fim de deter a secura. Neste estado, porém, as graças comunicadas por Deus à alma são tão interiores que ela não pode, por si mesma, exercitar-se nas coisas divinas, ou

gozá-las, se o Espírito do Esposo não a move com seu amor. E assim ela se apressa em invocá-lo, dizendo:

Vem, Austro que despertas os amores

4. O Austro é outro vento, vulgarmente chamado sudoeste, muito aprazível, que traz chuvas e faz germinar ervas e plantas; favorece o desabrochar das flores que exalam seus perfumes. Os efeitos desse vento são contrários aos do Aquilão. A alma, portanto, compara o Austro ao Espírito Santo, dizendo que desperta os amores. De fato, quando esse sopro divino investe sobre a alma, de tal modo a inflama e regala, avivando e despertando a vontade, e ao mesmo tempo movendo os apetites, dantes adormecidos e aniquilados, ao amor de Deus, que bem se pode dizer que recorda os amores do mesmo Deus e da alma. E o pedido feito por ela ao Espírito está expresso nas palavras do verso seguinte:

Aspira por meu horto

5. Esse horto é a própria alma. Pela mesma razão que acima lhe foi dado o nome de vinha em flor – pois a flor das virtudes que nela há produz vinho doce e saboroso –, assim a alma é agora chamada "horto", porque nela estão plantadas as flores de virtudes e perfeições que aí nascem e crescem. Notemos bem como não diz a Esposa: aspira em meu horto, e, sim, aspira por meu horto. Na verdade, é grande a diferença que há entre aspirar Deus na alma e aspirar pela alma. Na primeira destas expressões, é significada a infusão de graças, virtudes e dons, pelo mesmo Deus. Na segunda, trata-se da moção e do toque de Deus nas virtudes e perfeições já concedidas, tendo por fim renová-las e despertá-las, de modo a darem admirável fragrância de suavidade à alma. É assim como revolver as espécies aromáticas: na ocasião em que são movimentadas, trescalam abundantemente o seu perfume, o qual antes não era tão forte nem se percebia tanto. O mesmo sucede às virtudes adquiridas pela alma, ou infundidas nela por Deus; nem sempre são percebidas e gozadas de modo atual. Com efeito, enquanto dura esta

vida, as virtudes permanecem na alma como flores em botão, ou como espécies aromáticas em recipiente coberto, cujo olor não se sente até que sejam abertas e revolvidas, conforme dissemos.

6. Algumas vezes, porém, faz Deus tão inefáveis mercês à alma, sua Esposa, que, aspirando com seu divino Espírito por esse horto florido, que é a mesma alma, abre todos esses botões de virtudes e descobre essas espécies aromáticas de dons, perfeições e riquezas dela; e, manifestando-lhe o tesouro e cabedal interior, revela-lhe também a formosura que nela há. É então, para a alma, admirável a vista e suavíssimo o sentimento dessa riqueza que se lhe descobre no íntimo, de todos os seus dons e da formosura dessas flores de virtudes já totalmente desabrochadas; incomparável se torna a doçura do perfume que cada uma delas exala, segundo sua propriedade particular. A isto chama aqui a alma "correr os olores do horto", quando diz no verso seguinte:

E corram seus olores

7. São esses olores em tanta abundância, algumas vezes, que parece à alma estar vestida de deleites e banhada em glória inestimável; chegam a ser de tal maneira fortes que não somente a alma os sente no interior, mas também chegam a redundar por fora, em grande excesso, e bem o percebem as pessoas que têm experiência disso, parecendo-lhes essa alma como um delicioso jardim cheio de encantos e riquezas de Deus. E, não apenas nas ocasiões em que estão abertas essas flores, manifestam-se assim estas santas almas: costumam trazer sempre em si mesmas um não sei quê de grandeza e dignidade, produzindo respeito e acatamento nos outros, pelo efeito sobrenatural difundido na pessoa, como consequência da comunicação íntima e familiar com Deus. Assim vemos que sucedeu com Moisés, conforme está escrito no Êxodo (34,30); não podiam os judeus olhar o seu rosto por causa daquele resplendor de grande glória e dignidade que lhe ficara do trato com Deus face a face.

8. Neste aspirar do Espírito Santo pela alma, isto é, em sua visita de amor, o Esposo, Filho de Deus, se comunica a ela de

modo altíssimo. Para este fim, envia-lhe primeiro seu Espírito, como fez aos apóstolos. É esse divino Espírito o aposentador que prepara ao Verbo a morada da alma Esposa, elevando-a em deleites, e dispondo o horto a seu gosto: faz desabrochar as flores, descobre os dons e ornamenta a alma com a tapeçaria de suas graças e riquezas. Suspira, pois, esta alma Esposa, com imenso desejo, por tudo isto: que se vá o Aquilão morto, e venha o Austro, aspirar pelo horto, porque nisto lucra a alma muitos bens reunidos. Ganha o deleite das virtudes chegadas a ponto de serem exercitadas saborosamente; obtém o gozo do Amado nelas, pois mediante as virtudes é que se lhe comunica o Esposo com mais íntimo amor e mais particular mercê do que anteriormente; consegue, além disso, causar maior deleite ao Amado por esse exercício atual de virtudes, e isto é o que lhe causa maior contentamento, a saber, o gosto de seu Amado. Lucra, ademais, a continuação e permanência desse sabor e suavidade de virtudes, que continua na alma todo o tempo da assistência do Esposo nela, enquanto a Esposa lhe está proporcionando suavidade com suas virtudes, conforme ela mesma o diz nos Cantares: "Quando o Rei estava no seu repouso – isto é, na alma –, o meu nardo exalou seu perfume" (Ct 1,11). Por esse nardo odorífero é significada a própria alma, que das flores de virtudes em seu horto desabrochadas dá odor de suavidade ao Amado nela presente por este modo de união.

9. É, portanto, muito para desejar esse divino sopro do Espírito Santo, e que cada alma lhe peça aspire Ele por seu horto, a fim de correrem os divinos olores de Deus. Por ser isto tão necessário, e de tanta glória e proveito para a alma, a Esposa o desejou e pediu com os mesmos termos desta canção, dizendo nos Cantares: "Levanta-te, Aquilão, e vem tu, vento do meio--dia, sopra de todos os lados no meu jardim, e espalhem-se os seus aromas" (Ct 4,16). Todas estas coisas deseja a alma, não por causa do deleite e glória que lhe advêm pessoalmente, mas sim por saber que nisto se compraz seu Esposo; também o deseja por saber que aí se acha a disposição e o prenúncio para a vinda do Filho de Deus a deleitar-se nela. E assim acrescenta logo:

E o Amado pascerá por entre as flores

10. Com o nome de pasto significa a alma o deleite que o Filho de Deus, nela, tem por esse tempo, e, de fato, é o nome que melhor o exprime, por ser o pasto ou alimento coisa que não só dá gosto, mas também sustenta. Desse modo, o Filho de Deus se compraz na alma, em meio a esses deleites dela e se sustenta nela, isto é, permanece na alma, como em lugar onde acha grandes delícias, porque esse mesmo lugar – a própria alma – também acha nele, verdadeiramente, seu gozo. A meu ver, isto mesmo quis dizer o Esposo nestas palavras dos Provérbios de Salomão: "Meus deleites são de estar com os filhos dos homens" (Pr 8,31), a saber, quando eles acham seus deleites em estar comigo, que sou o Filho de Deus. Convém observar, aqui, que não diz a alma: "O Amado pascerá as flores", e sim "por entre as flores", porque, sendo a comunicação do Esposo feita no íntimo da alma, mediante o adorno das virtudes já mencionado, consequentemente o Amado se apascenta da própria alma transformada nele, já guisada, salgada e temperada, com as mesmas flores de virtudes, dons e perfeições, que, por assim dizer, são o tempero com o qual e no qual Ele se nutre dela. São essas virtudes e perfeições que, por meio do Aposentador acima referido, estão dando ao Filho de Deus sabor e suavidade na alma, a fim de que possa Ele apascentar-se mais no amor de sua amada; pois esta é a condição para o Esposo unir-se à alma, entre a fragrância dessas flores. Tal condição é bem notada pela Esposa nos Cantares, como quem tão perfeitamente o sabe, dizendo nestes termos: "O meu Amado desceu ao seu horto, ao canteiro das plantas aromáticas para se apascentar nos jardins e colher lírios" (Ct 6,1). E mais adiante diz: "Eu sou para o meu Amado, e o meu Amado é para mim, ele que se apascenta entre os lírios" (Ct 6,2), querendo dizer: apascenta-se e acha seus deleites em minha alma, que é o seu horto, entre os lírios de minhas virtudes, perfeições e graças.

Anotação para a canção seguinte

1. Vê bem a alma, neste estado de desposório espiritual, as suas graças excelentes e riquezas magníficas e, por outra parte,

compreende que não pode possuir esses bens nem deles gozar à sua vontade, em razão de estar ainda presa à carne. Em consequência disso, sofre grandemente, muitas vezes, sobretudo, quando essa compreensão se torna mais viva. Percebe, evidentemente, que está presa no corpo, como um grande senhor no cárcere, sujeito a mil misérias, a quem confiscaram todos os seus reinos, privando-o de todas as suas riquezas e senhorio; tendo ele grandes haveres, recebe, no entanto, a comida muito medida. O que isto lhe faz sofrer, cada um pode bem avaliar; mormente se os domésticos de sua casa não lhe estão ainda muito submissos, pois, então, a cada oportunidade, esses seus servos e escravos arremetem contra ele sem respeito algum, a ponto de quererem tirar-lhe o bocado do prato. Quando Deus faz à alma a mercê de dar-lhe a provar alguma porção dos bens e riquezas que lhe preparou, logo se levanta na parte sensitiva algum mau servo de apetite, seja um escravo de movimento desordenado, ou de outras revoltas dessa parte inferior, a impedir-lhe aquele bem.

2. Nisto, a alma se sente como presa em terra de inimigos, tiranizada entre estranhos, morta entre os mortos; experimenta a realidade do que diz o Profeta Baruc, ao encarecer a miséria do cativeiro de Jacó, nestas palavras: "Donde vem, ó Israel, estares tu na terra dos teus inimigos? Tens envelhecido em terra estranha, e te contaminaste com os mortos, e estás confundido com os que descem ao sepulcro" (Br 3,10-11). Jeremias, ao sentir este mísero trato que a alma padece por parte do cativeiro no corpo, assim diz, em sentido espiritual, falando com Israel: "Porventura é Israel algum escravo ou filho de escrava? Por que razão, pois, se tornou uma presa? Contra ele rugiram os leões..." (Jr 2,14-15). Compreende aqui por leões os apetites e as revoltas desse rei tirano, que é a sensualidade, como dissemos. E a alma, querendo mostrar o aborrecimento que lhe causa, e o desejo que tem de ver enfim esse reino da sensualidade aniquilado, ou a ela totalmente submisso com todos os seus exércitos de perturbações, ergue os olhos ao Esposo, como a quem há de levar avante todo esse feito; e falando agora contra os referidos movimentos e rebeliões, diz esta canção:

Canção XVIII

Ó ninfas da Judeia,
Enquanto pelas flores e rosais
Vai recendendo o âmbar,
Ficai nos arrabaldes
E não ouseis tocar nossos umbrais.

Explicação

3. Nesta canção é a Esposa quem fala. Vendo-se constituída segundo a sua parte superior – a espiritual – em tão ricos e avantajados dons, cheia dos deleites vindos do seu Amado, deseja conservar, com segurança e continuidade, esta posse deles na qual o Esposo a estabeleceu, como vimos nas duas canções precedentes. Conhece, todavia, que da sua parte inferior, isto é, da sensualidade, lhe poderá vir impedimento, como de fato acontece, pois estorva e perturba esse grande bem espiritual. Pede, portanto, a Esposa, às operações e aos movimentos da parte sensitiva, que fiquem sossegados em suas potências e sentidos; não ultrapassem os limites de sua própria região, ousando molestar e inquietar a parte superior e espiritual, e assim não venham impedir, ainda mesmo com a mínima comoção, aquele bem e suavidade de que a alma goza. De fato, se os movimentos e potências desta parte sensitiva agem no tempo em que o espírito está gozando, tanto mais o molestam e inquietam quanto mais vivas e ativas são as suas operações. Diz, então, assim:

Ó ninfas da Judeia

4. Pelo nome de Judeia é designada a parte inferior, ou sensitiva, da alma. É denominada Judeia por ser fraca e carnal, e, por si mesma, cega, como o é o povo judaico. A alma dá o nome de ninfas a todas as imaginações, fantasias, movimentos e inclinações dessa porção inferior. A razão de lhes dar tal nome é porque, assim como as ninfas, com sua graça e sedução, atraem a si os amantes, também essas operações e movimentos da sensualidade buscam porfiadamente, por meio de seus de-

leites, atrair a si a vontade da parte racional, para arrancá-la do interior, induzindo-a a entregar-se às coisas exteriores, que eles tanto desejam e apetecem. Procuram também mover o entendimento, a que se junte e una a elas conforme a maneira baixa do sentido, que lhes é própria; querem conformar e igualar a parte racional com a sensível. Quanto a vós – diz a alma –, ó operações e movimentos, da sensualidade:

Enquanto pelas flores e rosais

5. As flores, como já dissemos, são as virtudes da alma. Os rosais significam as potências da mesma alma – memória, entendimento e vontade –, as quais trazem em si flores de conceitos divinos que delas desabrocham, bem como atos de amor e as mesmas virtudes. Enquanto, pois, nestas virtudes e potências de minha alma

Vai recendendo o âmbar

6. Pelo âmbar é simbolizado aqui o divino Espírito do Esposo que habita na alma. O recender esse divino âmbar pelas flores e rosais é derramar-se e comunicar-se suavissimamente nas potências e virtudes da alma, exalando nelas perfume de divina suavidade à mesma alma. No tempo em que, portanto, esse divino espírito está difundindo doçura espiritual no meu íntimo,

Ficai nos arrabaldes

7. Nos arrabaldes da Judeia, a qual, como dissemos, é a porção inferior ou sensitiva, ou seja, memória, fantasia e imaginação. Nelas se imprimem e recolhem as noções, imagens e figuras dos objetos, mediante as quais a sensualidade movimenta seus apetites e concupiscências. Quando essas noções, a que a alma chama "ninfas", permanecem quietas e sossegadas, também ficam adormecidos os apetites. Tais figuras e imagens entram em seus arrabaldes, que são os sentidos internos, pelas portas dos sentidos externos, como a vista, o ouvido, o olfato, o tato e o gosto; e, assim, podemos dar o nome de arrabaldes a todas essas potências e sentidos, quer internos, quer externos, porque são

os bairros situados fora dos muros da cidade. O que aqui se chama "cidade", é, de fato, na alma, seu mais íntimo recôndito, isto é, a parte racional, que tem capacidade para comunicar-se com Deus, e cujas operações são contrárias às da sensualidade. Não pode, no entanto, deixar de haver comunicação natural entre os habitantes desses arrabaldes da parte sensitiva, quais são as ninfas já mencionadas, e os da parte superior, que é a cidade. Assim, tudo quanto se faz na parte inferior, ordinariamente se sente na parte interior, e por consequência traz a esta última distração e desassossego quanto à aplicação e à assistência espiritual que tem em Deus. É este o motivo de dizer a alma às ninfas que fiquem em seus arrabaldes, ou, em outros termos, se aquietem nos seus sentidos naturais, tanto interiores como exteriores.

E não ouseis tocar nossos umbrais

8. Isto é, não toqueis na parte superior, nem mesmo por primeiros movimentos, porque são justamente eles as entradas e umbrais que dão acesso à alma. Quando vão além de primeiros movimentos, e chegam à razão, já transpõem os umbrais; quando, porém, não passam de primeiros movimentos, apenas tocam esses umbrais, ou batem à porta, como acontece nas investidas da parte sensual à razão para induzi-la a algum ato desordenado. E, aqui, não somente a alma diz que não a toquem estes, mas nem ainda as lembranças estranhas à quietação e ao bem de que goza[8].

---

8. A 1ª redação do *Cântico* acrescenta aqui: "E, assim, esta parte sensitiva, com todas as suas potências, forças e fraquezas, está rendida totalmente ao espírito, neste estado. Daí procede viver já a alma uma vida bem-aventurada, semelhante à do estado de inocência, onde então todo o conjunto e habilidade da parte sensitiva servia ao homem para maior recreação e auxílio no conhecimento e amor de Deus, em paz e harmonia com a parte superior. Ditosa a alma chegada a tal estado! 'Mas quem é este, e o louvaremos, porque faz maravilhas em sua vida?' (Eclo 31). Esta canção foi posta aqui para mostrar a paz segura e tranquila de que goza a alma elevada a essa altura espiritual, e não para dar a entender que esse desejo manifestado aqui pela alma, quanto ao sossego das ninfas, seja proveniente dos acometimentos delas, pois neste estado já se acham sossegadas, como acima declaramos. Esse desejo é mais próprio das almas que vão progredindo, e das adiantadas, do que das perfeitas, nas quais as paixões e os movimentos pouco ou nada reinam".

116

Anotação para a canção seguinte

1. Neste estado de desposório, torna-se a alma tão inimiga da parte inferior e suas operações que chega a desejar não seja a esta concedida comunicação alguma daquilo que espiritualmente é dado à parte superior; porque, participando o sentido, ou há de receber muito pouco, ou não o há de aguentar a fraqueza de sua condição sem que desfaleça o natural, e, consequentemente, venha a padecer e afligir-se o espírito, não podendo, assim, gozar em paz. Isto se confirma com as palavras do Sábio: "O corpo que se corrompe torna pesada a alma" (Sb 9,15). Como a alma aspira às mais elevadas e excelentes comunicações de Deus, sabendo que não as pode receber em companhia da parte sensitiva, deseja que Deus lhas conceda sem participação dela. Com efeito, aquela altíssima visão do terceiro céu, que teve São Paulo, na qual diz ter visto a Deus, o mesmo apóstolo declara não saber se a recebeu no corpo ou fora dele (2Cor 12,2). De qualquer modo, porém, que a tenha recebido, decerto foi sem o corpo, pois, se este houvesse participado, não o poderia deixar de saber, nem a visão seria tão alta como diz São Paulo, afirmando ter ouvido palavras tão secretas que ao homem não é lícito revelar. Por isso, conhecendo muito bem a alma que tão sublimes mercês não se podem receber em vaso tão estreito, deseja que o Esposo as conceda fora dele, ou, ao menos, sem Ele; e assim, falando com o mesmo Esposo, lho pede nesta canção.

Canção XIX

> Esconde-te, Querido!
> Voltando tua face, olha as montanhas;
> E não queiras dizê-lo,
> Mas olha as companheiras
> Da que vai pelas ilhas mais estranhas.

Explicação[9]

2. Quatro coisas pede a alma Esposa, nesta canção, a seu Esposo. A primeira é que seja servido de comunicar-se a ela bem no íntimo recôndito de si mesma; a segunda é a graça de investir e penetrar suas potências com a glória e excelência da divindade dele; a terceira, que realize isto com tão grande profundidade e elevação que a ninguém seja possível saber ou exprimir, nem possa participar o exterior e parte sensitiva; a quarta, é que se enamore o mesmo Esposo das muitas virtudes e graças que pôs nela, e com as quais se acompanha em sua elevação para Deus, por altíssimos e sublimes conhecimentos da Divindade, e por excessos de amor sobremaneira inusitados e extraordinários, muito superiores aos que geralmente se costumam ter. E assim diz: Com esse desejo...

Esconde-te, Querido!

3. Como se dissesse: querido Esposo meu, recolhe-te ao mais íntimo de minha alma, comunicando-te a ela secretamente, e manifestando-lhe tuas maravilhas escondidas, alheias a todos os olhos mortais.

---

9. A 1ª redação do *Cântico* começa a Explicação com o seguinte trecho: "Depois que o Esposo e a Esposa, nas canções passadas, impuseram freio e silêncio às paixões e potências da alma, tanto sensitivas como espirituais, as quais poderiam perturbá-las, volve-se a Esposa a gozar de seu Amado no recolhimento interior de sua alma. Aí se acha ele unido com ela por amor, e de modo escondido se deleita grandemente nela. São de tal modo elevadas e deliciosas as mercês concedidas então à alma, neste recolhimento do matrimônio com seu amado, que ela não o sabe dizer, e nem mesmo o quereria; porque essas graças são como aquelas a que se refere Isaías, dizendo: 'Meu segredo para mim, meu segredo para mim' (Is 24,16). A alma sozinha as possui, sozinha as entende, sozinha delas goza, e se deleita de que seja a sós; assim seu desejo é que essa comunicação divina seja muito escondida, muito elevada e apartada de qualquer outra comunicação exterior. Torna-se a alma semelhante ao negociante da preciosa pérola, ou, antes, ao homem que, achando o tesouro escondido no campo, guardou-o em segredo para melhor o gozar e possuir" (Mt 13,44-46).

Voltando tua face, olha as montanhas

4. A face de Deus é a divindade. As montanhas são as potências da alma – memória, entendimento e vontade. Assim quer dizer: penetra com tua divindade o meu entendimento, infundindo nele inteligências divinas; a minha vontade, concedendo e comunicando a ela teu divino amor; a minha memória, dando-lhe a posse da glória divina. Nisto, pede a alma tudo quanto pode pedir; porque já se não satisfaz com o conhecimento e a comunicação de Deus pelas costas, como foi concedido a Moisés (Ex 33,23), isto é, somente por seus efeitos e obras; deseja conhecer a Deus pela sua face, que é a comunicação essencial da Divindade sem intermediário algum, por certo contato da alma na própria Divindade – o que é coisa alheia a todo sentido e acidente, porquanto é um toque de substâncias puras, como são a alma e a Divindade. Por este motivo, logo acrescenta:

E não queiras dizê-lo

5. Significa: não queiras dizê-lo como anteriormente, quando as comunicações feitas à minha alma eram perceptíveis também aos sentidos exteriores, por serem graças proporcionadas à sua capacidade, pois não eram tão elevadas e profundas que não pudessem eles alcançá-las. Agora, porém, sejam tão sublimes e substanciais essas comunicações, e de tal modo íntimas, que delas nada se diga aos sentidos exteriores, isto é, não possam estes chegar a conhecê-las. Na verdade, a substância do espírito não se pode comunicar ao sentido; logo, tudo o que a este último é comunicado – mormente nesta vida – não pode ser puro espírito, pois disso não é capaz o sentido. Desejando, portanto, a alma, aqui, esta comunicação de Deus tão substancial e essencial, imperceptível ao sentido, pede ao Esposo que "não o queira dizer" ou, em outros termos: seja de tal modo íntima a profundidade desse esconderijo de união espiritual que não acerte o sentido em o perceber ou exprimir, tal como se dava com aquelas palavras secretas que São Paulo ouviu, as quais, diz ele, não era lícito ao homem revelar.

Mas olha as companheiras

6. O olhar de Deus é amar e conceder mercês. As companheiras, mencionadas aqui pela alma, pedindo a Deus que as veja, são as numerosas virtudes, bem como os dons e perfeições, e as demais riquezas espirituais que Ele nela colocou como arras prendas e joias de desposada. Assim, é como se dissesse: Volta-te, Amado, para o interior de mim mesma, enamorando-te deste caudal de riquezas que aí puseste; e, enamorado de mim, te escondas nessas companheiras, permanecendo entre elas; porque, em verdade, embora sejam tuas, se tu mas deste, são também

Da que vai pelas ilhas mais estranhas

7. Isto é, da minha própria alma que vai a ti por estranhos conhecimentos de ti, e por modos e caminhos estranhos, alheios a todos os sentidos, fora do conhecimento natural e comum. É como se a Esposa, querendo obrigar o Esposo, assim lhe dissesse: pois minha alma vai a ti por notícias espirituais, estranhas e alheias a todos os sentidos, vem comunicar-te a ela do mesmo modo, em grau tão interior e sublime que seja alheio a todos eles.

Anotação para as canções seguintes

1. Para chegar a tão alto estado de perfeição, qual é o matrimônio espiritual, como aqui pretende a alma, não lhe basta apenas estar limpa e purificada de todas as imperfeições, revoltas e hábitos imperfeitos da parte inferior, que, despida do velho homem, está já sujeita e rendida à superior. É necessário também ter grande fortaleza e mui subido amor para que se torne capaz de tão forte e estreito abraço de Deus. De fato, neste estado, não só a alma atinge altíssima pureza e formosura, mas também adquire terrível fortaleza, em razão do estreito e forte laço que se aperta entre Deus e a alma por meio desta união.

2. Para chegar, portanto, a essa altura, precisa estar a alma em competente grau de pureza, fortaleza e amor; por isso, desejando o Espírito Santo – que pela sua intervenção realiza essa união espiritual – ver a alma com as disposições requeridas para alcançá-la, fala ao Pai e ao Filho nestes termos do Livro dos Cantares: "Que faremos à nossa irmã no dia em que apareça e se lhe tenha de falar? Porque é pequenina e não tem peitos crescidos. Se ela é um muro, edifiquemos sobre ele forças e defesas prateadas; se ela é uma porta, guarneçamo-la com tábuas de cedro" (Ct 8,10). Compreende aqui por forças e defesas prateadas as virtudes fortes e heroicas, envoltas na fé, significada pela prata; estas virtudes heroicas são já as do matrimônio espiritual, que assentam sobre a alma forte, simbolizada pelo muro, em cuja fortaleza repousará o Esposo de paz, sem mais perturbação de fraqueza alguma. Entende por tábuas de cedro as afeições e propriedades do sublime amor, aqui figurado no cedro – amor característico do matrimônio espiritual. Para guarnecer com Ele a Esposa, torna-se mister que ela seja porta, isto é, dê entrada ao Esposo, mantendo aberta a porta da vontade para Ele, por total e verdadeiro sim de amor – o sim do desposório, dado já antes do matrimônio espiritual. Pelos peitos da Esposa exprime também este mesmo amor perfeito que lhe convém ter para comparecer diante do Esposo, Cristo, a fim de operar-se a consumação de tal estado.

3. Diz, porém, o referido texto que a Esposa respondeu logo, abrasada no desejo de chegar a essas alturas: "Eu sou muro; e meus peitos são como uma torre" (Ct 8,10). Como a dizer: Minha alma é forte, e meu amor sublime, não seja esta a dúvida. O mesmo deu a entender, nas precedentes canções, a alma Esposa, com o seu desejo de transformação e união perfeita; mormente o fez nesta que acabamos de explicar, na qual coloca diante do Esposo, para mais o obrigar, as virtudes e disposições preciosas que dele recebeu. E o mesmo Esposo, querendo concluir a união, diz as duas seguintes canções. Nelas acaba de purificar a alma, e torná-la forte, dispondo-a para esse estado, tanto em sua parte sensitiva como na espiritual; e assim fala, defendendo a alma de todas as contrariedades e revoltas, sejam da parte dos sentidos, ou da parte do demônio.

Canções XX e XXI

Esposo

A vós, aves ligeiras,
Leões, cervos e gamos saltadores,
Montes, vales, ribeiras,
Águas, ventos, ardores,
E, das noites, os medos veladores:
Pelas amenas liras
E cantos de sereias, vos conjuro
Que cessem vossas iras,
E não toqueis no muro,
Para a Esposa dormir sono seguro.

Explicação

4. Nestas duas canções, o Esposo, Filho de Deus, põe a alma em posse de paz e tranquilidade, conformada já a parte inferior com a superior; purifica-a de todas as suas imperfeições e ordena as potências e capacidades naturais da alma, além de sossegar todos os demais apetites dela. Tudo isto se contém nas sobreditas canções, cujo sentido explicaremos agora. Primeiramente, o Esposo conjura e manda às inúteis digressões da fantasia e imaginação que doravante cessem: restabelece também o equilíbrio nas duas potências naturais – irascível e concupiscível – que antes tanto afligiam a alma; aperfeiçoa, ao mesmo tempo, as três potências, memória, entendimento e vontade, em seus respectivos exercícios, quanto é possível nesta vida. Além disso, o Esposo conjura e manda às quatro paixões da alma, gozo, esperança, dor e temor, que daqui por diante permaneçam mortificadas e comedidas. Todas essas coisas são significadas pelos nomes expressos na primeira canção, e nela o Esposo faz cessar todas as atividades e os movimentos que, provindos de tais paixões, inquietam a alma. Ele o realiza por meio da grande suavidade, deleite e fortaleza que a alma possui na comunicação e entrega espiritual que Deus faz de si mesmo a ela neste tempo, e na qual todas as suas potências, apetites e

movimentos perdem sua natural imperfeição e se trocam em divinos, porquanto Deus transforma agora vivamente a alma nele. Assim diz o Esposo:

A vós, aves ligeiras

5. Chama aves ligeiras às digressões da imaginação, por serem ligeiras e sutis, voando de uma parte a outra; às vezes, quando a vontade está gozando tranquilamente da comunicação deliciosa do Amado, costumam causar desagrado na alma, e tirar-lhe o gosto, com os seus voos ligeiros. A elas diz o Esposo que as conjura pelas amenas liras: agora que a suavidade e deleite da alma é tão abundante e frequente que essas digressões da imaginação não lhe podem mais causar estorvo – como faziam outrora, quando a alma não havia chegado a tanto –, cessem já seus voos inquietos com seus ímpetos e excessos. O mesmo se há de entender quanto às outras partes que vamos explicar aqui, como sejam:

Leões, cervos e gamos saltadores

6. Por leões, compreende as acrimônias e os ímpetos da potência irascível, tão ousada e atrevida em seus atos como os leões. Pelos cervos e gamos saltadores, simboliza a outra potência da alma, a concupiscível, na qual está o apetite que produz dois efeitos: um de covardia, outro de ousadia. Os efeitos de covardia são exercitados quando o apetite não acha as coisas convenientes à sua satisfação, porque então se retira e intimida, tornando-se covarde. Nestes efeitos é a potência concupiscível comparada aos cervos, os quais, tendo-a mais intensa do que outros muitos animais, são consequentemente muito covardes e tímidos. Os efeitos de ousadia são postos em exercício quando a dita potência encontra coisas convenientes para si; então, longe de intimidar-se ou acovardar-se, atreve-se, pelo contrário, a apetecê-las e admiti-las, com desejos e afetos. Nestes efeitos de ousadia é comparada esta potência aos gamos, os quais têm tanta concupiscência nas coisas que apetecem que

não somente vão a elas correndo, mas até saltando. Eis o motivo de se chamar aqui, a eles, "saltadores".

7. Desse modo, o Esposo, ao conjurar os leões, põe freio aos ímpetos e excessos da ira; ao conjurar os cervos, fortalece a concupiscência nas covardias e pusilanimidades que anteriormente a encolhiam; e em conjurar os gamos saltadores, satisfaz essa mesma concupiscência, por apaziguar os desejos e apetites que antes andavam inquietos, e saltavam como gamos de um lado a outro em busca de sua satisfação. Agora está satisfeita essa potência, pelas amenas liras, gozando da suavidade delas, e pelo canto das sereias em cujo deleite se apascenta. É digno de nota o não conjurar aqui o Esposo a ira e a concupiscência, porque estas potências não podem faltar à alma, mas conjura aos atos molestos e desordenados das mesmas potências, significados pelos leões, cervos e gamos saltadores, os quais, neste estado, forçoso é que faltem.

Montes, vales, ribeiras

8. Por estes três nomes se denotam os atos viciosos e desordenados das três potências da alma, isto é, memória, entendimento e vontade. Tais atos se manifestam viciosos e desordenados quando são excessivamente elevados, ou quando são extremamente baixos e remissos; ou também quando, embora não cheguem ao excesso, declinam, todavia, para algum dos extremos. Pelos montes, que são muito altos, compreendemos os atos excessivos, demasiadamente desordenados; pelos vales, que são muito baixos, entendemos os atos dessas três potências, quando ficam abaixo do que é conveniente. Pelas ribeiras – nem muito altas nem muito baixas – as quais sendo planas participam algo de um e outro extremo, são simbolizados os atos das potências quando excedem o justo meio, ou a ele faltam. Estes atos não são extremamente desordenados, como seriam ao chegar a pecado mortal; todavia, em parte, não deixam de ter desordem, seja por incidirem em algum pecado venial ou em alguma imperfeição, embora mínima, no entendimento,

memória e vontade. Conjura o Amado a todos estes atos, excedentes do justo meio, que cessem, pelas amenas liras e canto de sereias. Na verdade, estas liras e este canto mantêm as três potências da alma em tal equilíbrio nos seus efeitos, tão justamente aplicadas às suas respectivas atividades, que não somente não caem nos dois extremos, mas nem ainda deles participam no mínimo ponto. Seguem-se os outros versos:

Águas, ventos, ardores,
E das noites os medos veladores

9. De modo semelhante, por estas quatro coisas, significa os afetos das quatro paixões que, como dissemos, são: dor, esperança, gozo e temor. Pelas águas, são simbolizadas as afeições da dor que afligem a alma, pois nela entram como águas. Por isso disse Davi a Deus, referindo-se a elas: "Salva-me, ó Deus, porque as águas entraram até a minha alma" (Sl 68,2). Pelos ares se entendem as afeições da esperança, as quais voam como ares, desejando o objeto ausente, por elas esperado. Daí também o dizer Davi: "Abri a minha boca e aspirei, porque desejava os teus mandamentos" (Sl 118,131). Como se dissesse: Abri a boca de minha esperança e aspirei o ar de meu desejo, porque esperava e desejava teus mandamentos. Pelos ardores, são compreendidas as afeições da paixão do gozo, as quais inflamam o coração como fogo, razão por que diz o mesmo Davi: "Meu coração inflamou-se dentro de mim, e em minha meditação se ateou o fogo" (Sl 38,4), isto é, em minha meditação irrompeu o gozo. Por medos das noites veladores são significadas as afeições da outra paixão, que é o temor; estas costumam ser grandíssimas nos espirituais ainda não chegados ao estado de matrimônio espiritual. Às vezes procedem da parte de Deus, no tempo em que Ele lhes quer conceder algumas mercês, como dissemos acima; e então causa medo e pavor ao espírito, como também contração à carne e aos sentidos, por não estar ainda aperfeiçoada e fortalecida a natureza, nem habituada àquelas mercês. Outras vezes, vêm da parte do

demônio. Tem ele tanta inveja e pesar do bem e paz gozados pela alma, no tempo em que Deus lhe concede recolhimento e suavidade em si mesmo, que procura incutir horror e medo do espírito, a fim de impedir-lhe aquele bem, atrevendo-se, em algumas ocasiões, como que a ameaçá-la, ali no íntimo. Quando percebe que não pode atingir o interior da alma, por estar ela muito recolhida e unida com Deus, busca, ao menos por fora, perturbar a parte sensitiva com distrações e variedades, provocando aflições, dores e pavor no sentido, para ver se consegue, por este meio, inquietar a Esposa no seu tálamo. Essas inquietações são significadas pelos medos das noites, porque vêm dos demônios, os quais, mediante isso, procuram difundir trevas na alma, tentando obscurecer a divina luz de que ela goza. São chamados "veladores", estes medos, porque por si mesmos fazem a alma velar, despertando-a de seu doce sono interior; e também pelo fato de estarem sempre velando os mesmos demônios para incutirem na alma esses temores que passivamente – da parte de Deus ou do inimigo – penetram no espírito daquelas pessoas já espirituais. Não trato aqui de outros temores, temporais ou naturais, porque tê-los não é próprio de pessoas espirituais; mas os temores do espírito já referidos, estes pertencem aos espirituais.

10. Conjura também o Amado a todas estas quatro espécies de afeições, relativas às quatro paixões da alma, fazendo com que se calem e sosseguem; porquanto, neste estado, já Ele concede à Esposa muita abundância de força e satisfação, por meio das amenas liras de sua suavidade, e o canto de sereias de seu deleite, a fim de que não somente aquelas afeições deixem de reinar, mas nem ainda possam causar à alma o mínimo dissabor. É imensa a grandeza e estabilidade da alma, neste estado; e, se antes penetravam em seu íntimo as águas da dor por qualquer causa, mesmo a dos pecados próprios ou alheios, que é a mais sensível aos espirituais, embora eles os levem em conta, já não produzem pena e mágoa; até o sentimento da compaixão não mais o tem a alma, possuindo, todavia, as obras e perfeições da mesma

compaixão. Com efeito, a alma carece agora daquela fraqueza que manifestava na prática das virtudes, conservando a força, constância e perfeição delas. Assim como os anjos avaliam perfeitamente as coisas dolorosas sem lhes sentir a dor, e exercitam as obras de misericórdia sem sentimento de compaixão, assim acontece à alma nesta transformação de amor. Algumas vezes, no entanto, e em certas épocas, Deus permite que ela sinta novamente as coisas e delas sofra, para que mais mereça e se afirme no amor, ou por outros motivos, como permitiu acontecesse à Virgem-Mãe, a São Paulo e a outros; mas o estado de matrimônio espiritual, por si, não o comporta.

11. Nos desejos da esperança, a alma tampouco se aflige. Já está satisfeita em sua união com Deus, quanto lhe é possível nesta vida, e, por isso, nada mais tem a esperar da parte do mundo, ou a desejar acerca do espiritual, pois vê e sente em si mesma uma plenitude de riquezas divinas. E, assim, já está conformada e ajustada à vontade de Deus quanto a viver ou morrer, dizendo, tanto na parte sensitiva como na espiritual: *Fiat voluntas tua*, sem mais ímpeto de qualquer outra ânsia ou apetite. O desejo, pois, que tem de ver a Deus, é sem sofrimento. As afeições do gozo, as quais costumavam produzir alternativas de sentimento na alma, também não lhe causam impressão, se diminuem, ou novidade, se aumentam; porque, geralmente, tem a alma tanta abundância de gozo que se assemelha às águas do mar, o qual nem diminui com os rios que dele saem, nem cresce com os que nele entram. Nesta alma, verdadeiramente, está aberta aquela fonte cujas águas jorram para a vida eterna, como disse Cristo por São João (Jo 4,14).

12. Pelo fato de ter eu dito que esta alma não recebe coisa nova no seu estado de transformação, no qual parece que lhe são tirados os gozos acidentais que os próprios glorificados têm no céu, é preciso esclarecer o seguinte. Na verdade, não lhe faltam esses gozos e suavidades acidentais; antes, de ordinário, lhe são dados sem conta. Não aumenta, porém, a comunicação substancial que recebe no espírito, porque tudo quanto lhe pode vir

de novo, já o tem nela; e, assim, o bem que a alma possui nessa comunicação é maior do que todas as coisas recebidas por acréscimo. Todas as vezes, pois, que se lhe oferecem ocasiões de gozo e alegria, sejam exteriores, sejam espirituais e interiores, logo a alma se recolhe a gozar das riquezas que já tem em si mesma; com isto, aumenta muito o deleite e prazer encontrados tanto nestas como nas alegrias acidentais. Participa a alma agora, de certa maneira, da propriedade de Deus, o qual, embora se deleite em todas as coisas, não acha nelas tão grande gozo como em si mesmo, por encerrar em seu ser um bem supereminente a todas elas. Assim, todas as novidades que acontecem a esta alma, trazendo-lhes gozos e delícias, mais lhe servem de lembrete, para deleitar-se naquilo que já possui e sente no seu interior, do que para deter-se nessas novidades, pelo motivo acima referido, de achar em si mesma muito mais do que em tais coisas.

13. É, aliás, muito natural, quando a alma acha gozo e contentamento em alguma coisa, lembrar-se logo de outra que mais estima e lhe dá maior satisfação, detendo-se nesta última para gozá-la a seu gosto. Destarte, muito pouco significa o acidental destas novidades espirituais, dadas novamente à alma, em comparação ao substancial que já encerra em si mesma; podemos até dizer que é nada, pois a alma que chegou a esta totalidade de transformação, na qual atingiu seu pleno desenvolvimento, não mais pode crescer com as novidades espirituais, como sucede a outras não chegadas ainda a este ponto. Causa-nos admiração, todavia, o ver como esta alma, não sendo capaz de receber novos deleites, parece-lhe que os está sempre recebendo de novo, e ao mesmo tempo é como se já os tivesse dentro de si. A razão é que está sempre a gozá-los de cada vez, sendo o bem que possui sempre novo, e assim lhe parece estar recebendo sempre novidades, sem haver mister recebê-las.

14. Se quiséssemos falar da iluminação de glória que por vezes resplandece na alma, neste ordinário abraço de união, e que consiste em certa conversão espiritual de Deus a ela, fazendo-a ver e gozar de uma só vez todo este abismo de deleites e riquezas que nela pôs, nada seria capaz de exprimir a mínima parte dessa

realidade. À maneira do sol quando dá em cheio no mar, iluminando até os mais profundos abismos e cavernas, pondo à vista as pérolas e os riquíssimos veios de ouro e de outros minerais preciosos, assim este divino sol do Esposo, voltando-se para a Esposa, de tal modo traz à luz as riquezas da alma que até os anjos se maravilham dela, dizendo aquelas palavras dos Cantares: "Quem é esta, que vai caminhando como a aurora, quando se levanta, formosa como a lua, escolhida como o sol, terrível como um exército bem-ordenado e posto em campo?" (Ct 6,9). Nesta iluminação, embora de tão grande excelência, nada se acrescenta, contudo, à alma; apenas se mostram à luz os tesouros nela encerrados, a fim de que os possa gozar.

15. Finalmente, das noites os medos veladores também não atingem mais a alma, estando ela agora tão forte e resplendente, e repousando com tanta firmeza em Deus, que os demônios não a podem obscurecer com suas trevas, nem atemorizar com seus terrores, nem tampouco despertá-la com seus ímpetos. Daí vem que nenhuma coisa é capaz de a atingir ou molestar, porque já se recolheu de todas as coisas para dentro de seu Deus, onde goza de toda paz, fruindo de toda suavidade, satisfazendo-se em todo deleite, conforme é possível à condição e estado desta vida. Na verdade, da alma aqui chegada se entendem as palavras ditas pelo Sábio: "A alma pacífica e sossegada é como um banquete contínuo" (Pr 15,15). Assim como num banquete há sabor de todos os manjares e suavidade de todas as músicas, também do mesmo modo a alma, neste festim que lhe é dado no peito do Esposo, goza de todo deleite e saboreia toda suavidade. Muito pouco dissemos a respeito do que se realiza nesta união, pois muito pouco é o que se pode exprimir por palavras; e, por mais que se dissesse, seria sempre o mínimo do que se passa na alma chegada a tão ditoso estado. Com efeito, quando a alma acerta a alcançar a paz de Deus, a qual, como diz a Igreja, ultrapassa todo o sentido (Fl 4,7), também todo o sentido quedar-se-á mudo e incapaz de dizer dela coisa alguma. Segue-se o verso da segunda canção:

Pelas amenas liras
E cantos de sereias, vos conjuro

16. Já explicamos como, pelas amenas liras, significa o Esposo a suavidade que Ele dá à alma neste estado, e com a qual faz cessar todas as inquietações já referidas. A música harmoniosa das liras enche o espírito de suavidade e alegria, extasiando-o e absorvendo-o de maneira a que não sinta mais pesares e dissabores; assim também esta suavidade de que falamos aqui traz a alma tão presa ao seu encanto que não é atingida por coisa alguma penosa. É como se o Esposo dissesse: pela suavidade que eu ponho na alma, cessem todas as coisas não suaves à alma. Dissemos também que o canto de sereias significa o deleite gozado de ordinário pela alma. O Esposo chama a este deleite "canto de sereias" porque, assim como este canto, dizem, é tão agradável e delicioso a quem o ouve, e de tal maneira extasia e enamora o homem, que o transporta fora de si, fazendo-o esquecer todas as coisas, de modo semelhante, o deleite desta união absorve sobremaneira a alma em si, e grandemente a contenta, produzindo nela um encantamento que não lhe deixa sentir as contrariedades e perturbações das coisas já referidas, as quais são expressas neste verso:

Que cessem vossas iras

17. Dá o nome de iras às inquietações e aos aborrecimentos provenientes dos afetos e das atividades desordenadas, de que já falamos. A ira consiste em certo ímpeto que turba a paz, saindo dos seus limites; do mesmo modo, todas essas afeições, com seus movimentos, excedem o limite da paz e tranquilidade que há na alma, desassossegando-a quando a assaltam. Esta é a razão de dizer:

E não toqueis no muro

18. Por muro, o Esposo designa o cerco de paz e o valado das virtudes e perfeições que cercam e guardam a mesma alma, sendo ela aquele horto de que falamos acima, onde o Amado se

apascenta entre as flores, e que está fechado e guardado só para Ele. Daí vem o chamar à Esposa "horto fechado", como diz o Esposo nos Cantares: "Minha irmã é horto fechado" (Ct 4,12). Assim ordena Ele aqui que, ainda mesmo no muro e cerca deste seu horto fechado, não toquem,

Para a Esposa dormir sono seguro

19. A fim de que, diz Ele, mais a seu gosto se deleite a Esposa nesta quietação e suavidade de que goza em seu Amado. Convém notar aqui como, neste tempo, já não há porta fechada para a alma; está em suas mãos gozar à sua vontade, quando quer e quanto quer, deste suave sono de amor, conforme o dá a entender o Esposo nos Cantares, dizendo: "Eu vos conjuro, filhas de Jerusalém, pelas gazelas e veados do campo, que não perturbeis nem façais a minha amada despertar, até que ela o queira" (Ct 3,5).

Anotação para a canção seguinte

1. Tal era o desejo do Esposo de libertar e resgatar definitivamente esta sua Esposa das mãos da sensualidade e do demônio que afinal o realizou, como vimos que o fez aqui. E, agora, alegra-se como o bom Pastor, trazendo nos ombros a ovelhinha perdida e por tantos caminhos buscada (Lc 15,5); regozija-se, como a mulher que tem em mãos a dracma procurada, de vela acesa e revolvendo a casa inteira, e que chama seus amigos e vizinhos a partilharem de seu gozo, dizendo-lhes: "Vinde, alegrai-vos comigo" (Lc 15,9). Causa, pois, admiração contemplar este amoroso Pastor e Esposo da alma tão satisfeito e feliz em vê-la já conquistada e perfeita, posta em seus ombros, presa por suas mãos, nesta desejada junta e união. Este gozo, não o guarda o Amado só para si; faz dele participantes os anjos e as almas santas, dizendo-lhes como nos Cantares: "Saí, filhas de Sião, olhai a Salomão com a coroa com que o coroou sua mãe no dia de seu desposório, no dia da alegria de seu coração" (Ct 3,11). Nestas palavras chama Ele à alma sua coroa, sua

Esposa e alegria de seu coração, trazendo-a já nos seus braços, e agindo com ela como Esposo do seu tálamo. Tudo isto é expresso por Ele na seguinte canção.

Canção XXII

> Entrou, enfim, a Esposa
> No horto ameno por ela desejado;
> E a seu sabor repousa,
> O colo reclinado
> Sobre os braços dulcíssimos do Amado.

Explicação

2. Já empregou a Esposa todas as diligências para que fossem caçadas as raposas, o Aquilão se afastasse e as ninfas sossegassem, pois eram estes os estorvos e inconvenientes a impedirem o perfeito deleite do estado de matrimônio espiritual. Invocou também o sopro do Espírito Santo, e o alcançou, como vimos nas canções precedentes, sendo esta a disposição adequada e o meio próprio para a perfeição desse ditoso estado. Resta agora tratar dele nesta canção, na qual o Esposo é quem fala, chamando a alma de Esposa e dizendo duas coisas. A primeira é descrever como a mesma alma, depois de ter saído vitoriosa, chegou enfim ao delicioso estado do matrimônio espiritual, tão ardentemente desejado por Ele e por ela. A segunda é enumerar as propriedades do referido estado, das quais já goza a alma nele, como são: repousar a seu sabor e ter o colo reclinado sobre os braços dulcíssimos do Amado, conforme iremos agora explicando.

Entrou, enfim, a Esposa

3. Para declarar mais distintamente a ordem destas canções, e mostrar as etapas que, de ordinário, percorre a alma, até chegar a esse estado de matrimônio espiritual – o mais sublime estado de união de que agora, mediante o favor divino, vamos falar –,

façamos a seguinte observação. Antes de a alma aqui chegar, exercita-se primeiramente nos trabalhos e amarguras da mortificação, aplicando-se também à meditação das coisas espirituais, conforme refere desde a primeira canção até aquela que diz "mil graças derramando". Depois, entra na via contemplativa, passando então pelos caminhos e aperturas de amor, descritos sucessivamente nas canções seguintes, até aquela que diz: "Aparta-os, meu Amado", e na qual se realizou o desposório espiritual. Prosseguindo mais além, vai pela via unitiva, em que recebe numerosas e grandíssimas comunicações e visitas do Esposo, o qual a orna de dons e joias, como a sua desposada; e assim cada vez mais se adianta no conhecimento e na perfeição do amor de seu Esposo – conforme veio contando desde a referida canção em que se fez o desposório, e que começa pelas palavras "Aparta-os, meu Amado" – até chegar a esta de agora cujo início é: "Entrou enfim a Esposa", e na qual só falta realizar-se, afinal, o matrimônio espiritual entre a alma e o Filho de Deus. É, sem comparação alguma, muito mais elevada esta união do matrimônio do que a do desposório espiritual. Trata-se de uma transformação total no Amado; nela se entregam ambas as partes por inteira posse de uma a outra, com certa consumação de união de amor, em que a alma é feita toda divina, e se torna Deus por participação, tanto quanto é possível nesta vida. Por isso, penso, jamais a alma chega a esse estado sem que esteja confirmada em graça, porque nele se confirma a fidelidade de ambas as partes e, consequentemente, a de Deus na alma. Daí vem a ser esse o mais alto estado a que nesta vida se pode chegar. Assim como na consumação do matrimônio humano são dois numa só carne, segundo a palavra da Sagrada Escritura (Gn 2,24), também, uma vez consumado esse matrimônio espiritual entre Deus e a alma, são duas naturezas em um só espírito e amor. É o que afirma São Paulo, trazendo esta mesma comparação, ao dizer: "O que se junta ao Senhor, torna-se um espírito com Ele" (1Cor 6,17). É como se a luz de uma estrela ou de uma candeia se unisse e juntasse à luz do sol: já não brilha a estrela nem a candeia, mas somente o sol, tendo em si absorvidas as outras luzes.

4. O Esposo fala deste estado no presente verso, dizendo: "Entrou enfim a Esposa". Com estas palavras, significa ter ela saído de tudo quanto é temporal e natural, de todas as afeições, maneiras ou modos espirituais, deixando à parte, no olvido, todas as tentações, perturbações e penas, bem como seus cuidados e solicitudes, já toda transformada agora neste sublime abraço. Por tal razão é dito o verso seguinte, nestes termos:

No horto ameno por ela desejado

5. Como se dissesse: a alma já se transformou em seu Deus, a quem chama aqui "horto ameno", pelo delicioso e suave repouso que encontra nele. A este horto de plena transformação, que consiste no gozo, deleite e glória do matrimônio espiritual, não se chega sem passar primeiro pelo desposório e por aquele amor leal que é comum aos desposados. Quando a alma, pois, foi por certo tempo uma noiva para o Filho de Deus, dedicando-lhe inteiro e suave amor, Ele, enfim, a chama e introduz neste seu horto florido, onde se consuma o felicíssimo estado do matrimônio espiritual. Aqui se realiza tão estreita união das duas naturezas, e tal comunicação da divina à humana, que, sem mudança em nenhuma delas do próprio ser, cada uma parece Deus. E, embora nesta vida não possa isto operar-se de modo perfeito, é, todavia, acima de tudo quanto se pode dizer e pensar.

6. Esta transformação é muito bem expressa pelo mesmo Esposo nos Cantares, quando convida a alma, já feita sua Esposa, a tão feliz estado, dizendo: "Vem para o meu jardim, irmã minha Esposa; seguei a minha mirra com os meus aromas" (Ct 5,1). Chama-a irmã e esposa, porque já o era no amor e na entrega que havia feito de si mesma ao Esposo, até antes de ser chamada ao estado de matrimônio espiritual, onde Ele diz já ter colhido sua olorosa mirra, e as espécies aromáticas, isto é, os frutos que das flores já amadureceram e estão preparados para a alma. Esses frutos significam os deleites e as magnificências que o Esposo comunica de si, dando-se a ela; por isso é Ele ameno e desejado horto para a alma. De fato, o único desejo e fim, tanto

dela como de Deus, em todas as obras, é a consumação e perfeição desse estado; e assim jamais descansa a alma até alcançá-lo; na verdade, acha, no matrimônio espiritual, muito maior abundância e fartura em Deus, como também muito mais segura e duradoura paz, e mais perfeita suavidade, sem comparação, do que no desposório espiritual. Colocada agora nos braços de tal Esposo, sente, de ordinário, estar com Ele num estreito abraço espiritual – verdadeiro abraço por meio do qual vive a alma vida de Deus. Em realidade verifica-se nela o que diz São Paulo: "Vivo eu, já não eu, mas Cristo é que vive em mim" (Gl 2,20). Vivendo, pois, esta alma, vida tão feliz e gloriosa, como é a vida de Deus, considere cada um, se puder, quão saborosa será esta vida, na qual, assim como Deus não pode sentir dissabor algum, assim também a alma tampouco o sente; muito ao contrário, goza e experimenta o deleite da glória de Deus em sua íntima substância, estando já transformada nele. Por isso, continua a dizer o verso:

E a seu sabor repousa,
O colo reclinado

7. O colo significa aqui a fortaleza da alma, por meio da qual, como dissemos, se faz esta junta e união entre o Esposo e ela, pois não poderia sustentar tão estreito abraço se não estivesse já muito forte. Assim como foi nesta fortaleza que a alma pelejou para exercitar-se nas virtudes e dominar os vícios, assim também é justo que, em recompensa de seu trabalho e vitória, repouse tendo o colo reclinado

Sobre os braços dulcíssimos do Amado

8. Reclinar o colo nos braços de Deus é ter unida a própria fortaleza ou, por melhor dizer, a própria fraqueza, à fortaleza de Deus. Os braços de Deus são aqui o símbolo da sua fortaleza; quando nela se reclina e transforma nossa fraqueza, torna-se então a fortaleza do próprio Deus. Daí vem a ser muito a propósito a designação do estado do matrimônio espiritual por este reclinar o colo entre os doces braços do Amado: por que, nesta união, já é o próprio Deus a fortaleza e doçura da

alma, em que está ela protegida e amparada contra todos os males, e deliciada em todos os bens. Por este motivo, desejando a Esposa nos Cantares este estado, disse ao Esposo: "Quem me dera ter-te por irmão, amamentado aos peitos de minha mãe, para que, encontrando-te fora, eu te pudesse beijar sem que ninguém me desprezasse!" (Ct 8,1). Chama ao Esposo de irmão para significar a igualdade de amor que neste desposório há entre os dois antes de chegarem ao matrimônio. Ao dizer: "Amamentado aos peitos de minha mãe", exprimia o seu desejo de que Ele secasse e amortecesse nela os apetites e paixões, que são como os peitos e leite de Eva, nossa mãe na natureza humana, os quais impedem esse estado. E, assim, depois disso, "te achasse eu fora", sozinho, isto é, fora de todas as coisas e de mim mesma, em solidão e desnudez espiritual, já mortificados aqueles apetites; enfim, pudesse eu ali beijar-te sozinha a ti só e, unindo-me só contigo – na união de minha natureza também solitária e despida de toda impureza temporal, natural e espiritual –, à tua natureza só, sem mais intermediário algum. Isto se realiza unicamente no matrimônio espiritual, que é o beijo da alma a Deus, quando então ninguém mais a despreza, nem se atreve a tanto, pois neste estado não a molestam mais apetites, nem demônio, nem carne, nem mundo. Aqui se cumpre a palavra dos Cantares: "Já passou o inverno, já se foram as chuvas; apareceram as flores na nossa terra" (Ct 2,11-12).

Anotação para a canção seguinte

1. Neste alto estado do matrimônio espiritual, o Esposo descobre à alma, como a sua fiel consorte, com grande facilidade e frequência, seus maravilhosos segredos; porque o verdadeiro e completo amor não sabe esconder coisa alguma a quem ama. Comunica-lhe o Amado, sobretudo, os doces mistérios de sua encarnação, bem como os modos e maneiras da redenção humana, que é uma das mais elevadas obras de Deus, e, portanto, ainda mais saborosa para a alma. Embora revele à Esposa muitos outros mistérios, o Esposo, na canção seguinte,

só menciona o da encarnação, por ser entre todos o principal; e assim, falando com ela, diz:

Canção XXIII

> Sob o pé da macieira,
> Ali, comigo foste desposada;
> Ali te dei a mão,
> E foste renovada
> Onde a primeira mãe foi violada.

Explicação

2. Declara o Esposo à alma, nesta canção, o admirável modo e plano de que usou para a remir e desposar com Ele, servindo-se dos próprios meios que haviam causado a ruína e a corrupção da natureza humana; pois, assim como por meio da árvore proibida no paraíso foi essa natureza estragada e perdida por Adão, também na árvore da cruz foi remida e reparada, dando-lhe Ele ali a mão de sua graça e misericórdia mediante sua paixão e morte, e firmando no alto da cruz a parte que havia sido destruída entre Deus e os homens, em consequência do pecado original. Diz então:

Sob o pé da macieira

3. Isto é, sob a graça da árvore da cruz, simbolizada aqui pela macieira, onde o Filho de Deus remiu, e, consequentemente, desposou consigo a natureza humana, e, portanto, cada alma, concedendo-lhe sua graça e penhores, para este fim, na cruz. Esta é a razão de dizer:

Ali comigo foste desposada,
Ali te dei a mão

4. Querendo significar: a mão de meu favor e ajuda, levantando-te de teu estado miserável à minha companhia e desposório.

E foste renovada,
Onde a primeira mãe foi violada

5. Tua mãe, a natureza humana, foi violada, de fato, em teus primeiros pais, debaixo da árvore; e também tu, ali debaixo da árvore da cruz, foste reparada. Se, pois, tua mãe, sob a árvore, te deu a morte, eu, sob a árvore da cruz, dei-te a vida. A este teor vai Deus descobrindo à alma as ordenações e disposições de sua sabedoria, mostrando-lhe como de modo tão sábio e formoso sabe Ele tirar dos males bens; e, assim, aquilo mesmo que foi causa de tanto mal soube transformar em maior bem. As palavras literais desta canção são ditas pelo mesmo Esposo nos Cantares à Esposa: "Eu te despertei debaixo da macieira; ali é que tua mãe foi corrompida, ali é que foi violada aquela que te gerou" (Ct 8,5).

6. O desposório feito na cruz não é o mesmo de que agora falamos; realiza-se ele de uma só vez, quando Deus dá à alma a primeira graça, e, portanto, é feito com cada uma no batismo. Quanto a este de que tratamos agora, é feito por via de perfeição, e se opera pouco a pouco, seguindo seus graus. Na realidade, é o mesmo desposório, com esta diferença: este último se faz ao passo da alma, e assim vai devagar; o primeiro se faz ao passo de Deus, e, por consequência, realiza-se de uma vez. Este que nos ocupa agora é dado a entender por Deus, nas palavras do Profeta Ezequiel dirigidas à alma: "Estavas arrojada sobre a face da terra com desprezo de tua vida, no dia em que nasceste. E, passando eu junto de ti, vi-te debatendo-te no teu sangue, e te disse, estando tu coberta de teu sangue: Vive. Fiz-te crescer como a erva do campo, e cresceste, e te tornaste grande, e te desenvolveste e atingiste uma beleza perfeita de mulher. Cresceram-te os peitos e multiplicaram-se os teus cabelos. Estavas, porém, nua, e cheia de confusão. E passei junto de ti, e vi-te; e o tempo em que estavas era o tempo dos amores; estendi sobre ti o meu manto e cobri tua ignomínia; e te fiz juramento, e fiz aliança contigo, e tu ficaste sendo minha. E lavei-te com água, limpei-te do teu sangue, e te ungi com óleo. E te vesti de roupas

bordadas de diversas cores, e te dei calçados de jacinto, e te cingi de puro linho, e te compus com finas telas; ornei-te com preciosos enfeites, e te pus braceletes nas mãos, e um colar à roda de teu pescoço. Ornei tua fronte com uma joia, e as tuas orelhas com arrecadas, e a tua cabeça com um formoso diadema. E foste enfeitada de ouro e prata, e vestida de fino linho, e de roupas bordadas de diversas cores. Foste nutrida da flor de farinha, e de mel, e de azeite; e te tornaste extremamente bela e chegaste a ser rainha. E o teu nome espalhou-se entre as nações por causa da tua formosura" (Ez 16,5-14). Até aqui são as palavras de Ezequiel; e desta maneira se acha a alma de que vamos falando.

Anotação para a canção seguinte

1. Depois desta saborosa entrega da Esposa e do Amado, vem em seguida, imediatamente, o leito de ambos, no qual com muito maior estabilidade goza a alma dos deleites do Esposo, já mencionados. Assim, nesta canção de agora, é descrito esse leito dos dois – leito divino, puro e casto, em que a alma está divina, pura e casta. O leito, na verdade, não é para ela outra coisa senão o seu próprio Esposo, o Verbo, Filho de Deus, conforme vamos dizer; nele é que a Esposa se recosta, mediante a união de amor. Aqui o chama "leito florido", porque seu Esposo não somente é florido, mas é a mesma flor dos campos e lírio dos vales, segundo diz Ele de si mesmo nos Cantares (Ct 2,1). A alma, portanto, recosta-se, não apenas no leito florido, e sim na mesma flor que é o Filho de Deus; esta flor contém em si perfume divino, exalando fragrância, graça e formosura, conforme declara também o Esposo por Davi, dizendo: "A formosura do campo comigo está" (Sl 49,11). Eis por que agora a alma canta as propriedades e graças de seu leito, nestes termos:

Canção XXIV

Esposa

> Nosso leito é florido,
> De covas de leões entrelaçado,
> Em púrpura estendido,
> De paz edificado,
> De mil escudos de ouro coroado.

Explicação

2. Nas duas canções passadas[10], cantou a alma Esposa as graças e grandezas de seu Amado, o Filho de Deus. Nesta presente, não só vai prosseguindo, mas também canta antes de tudo o feliz e alto estado em que se vê colocada, bem como a segurança que nele há. Em terceiro lugar[11], enumera as riquezas de dons e virtudes com que foi favorecida e ornada no tálamo de seu Esposo, dizendo já haver chegado à união com Deus, na qual tem as virtudes fortalecidas. Em quarto lugar, afirma que já tem a perfeição do amor. Em quinto lugar, fala da paz espiritual de que goza perfeitamente, estando cheia e aformoseada de dons e virtudes, quanto é possível possuir e gozar nesta vida, como iremos declarando nos versos seguintes. A primeira coisa, pois, que a alma canta é o deleite de que goza na união do Amado, dizendo:

Nosso leito é florido

3. Já explicamos como este leito da alma é o Esposo, Filho de Deus, todo florido para ela. Estando agora unida e recostada nele, como esposa, recebe, no peito do Amado, a comunicação de seu amor, isto é, a sabedoria, os segredos e graças

---

10. Referência às canções XIV e XV que precediam a esta, na primeira redação do *Cântico*.
11. Ao desenvolver a explicação, São João da Cruz perde de vista esta enumeração posta no princípio, e que, aliás, não existe na primeira redação do *Cântico*.

e dons de Deus, com os quais fica tão formosa, rica, e cheia de delícias que verdadeiramente lhe parece estar num leito de variegadas e suavíssimas flores divinas, cujo toque produz deleite e cujo odor a inebria. Com muito acerto a alma dá a esta união de amor o nome de "leito florido", a exemplo da Esposa dos Cantares, que, falando com o Esposo, diz: "Nosso leito é florido" (Ct 1,15). Chama-o "nosso" porque de ambos unidos é o mesmo amor, bem como as mesmas virtudes e o mesmo deleite, isto é, do Amado, conforme afirma o Espírito Santo nos Provérbios: "Acho as minhas delícias em estar com os filhos dos homens" (Pr 8,31). Mais um motivo tem a alma para dar a este leito o nome de "florido": é já possuir as virtudes em grau perfeito e heroico – o que não era possível antes de o leito estar florido em perfeita união com Deus. E assim canta imediatamente a segunda propriedade dele, dizendo no verso seguinte:

De covas de leões entrelaçado

4. Por covas de leões são designadas as virtudes que a alma possui neste estado de união com Deus. Explica-se a comparação pelo fato de serem essas covas de leões muito seguras e abrigadas contra quaisquer outros animais, causando-lhes temor a fortaleza e ousadia do leão que as habita, e, assim, não somente não se atrevem a entrar nelas, mas nem ainda ousam parar em sua proximidade. Cada uma das virtudes, quando a alma já as tem perfeitas, é como uma cova de leões para ela, em que mora e assiste o Esposo, Cristo, unido com a mesma alma naquela virtude, e, aliás, em cada uma das outras virtudes, como forte leão. A alma, unida a Ele, nessas virtudes, torna-se também como forte leão; participa das mesmas propriedades de Deus, e está tão amparada e forte – em cada uma das virtudes e em todas juntas – recostada assim neste leito florido de união divina, que não se atrevem os demônios a acometê-la. Nem mesmo ousam apresentar-se diante dela, pelo grande temor que lhes causa a vista dessa alma tão engrandecida, resoluta e ousada, com virtudes perfeitas, no leito do Amado. Vendo-

-a em tão consumada união e transformação de amor, eles a temem como ao próprio Deus, e nem sequer ousam olhá-la, pois muito teme o demônio a alma que alcançou a perfeição.

5. Diz também o verso que o leito está entrelaçado destas covas de leões, isto é, de virtudes, porque, neste estado, já estão entrelaçadas e unidas com tanta fortaleza entre si umas com as outras, e tão ajustadas na total perfeição da alma, sustentando-se umas às outras, que não deixam brecha alguma de frouxidão ou fraqueza em que possa introduzir-se o demônio. Nem mesmo coisa alguma do mundo, seja alta ou baixa, consegue penetrar de modo a inquietar e molestar a alma, ou ainda causar-lhe a mínima impressão. Estando agora livre de toda perturbação das paixões naturais, alheia e desprendida do bulício e variedade dos cuidados temporais, qual se acha neste estado, goza com segurança e tranquilidade a participação de Deus. Isto mesmo desejava a Esposa nos Cantares, quando dizia: "Quem dera ter-te por irmão, e que mamasses os peitos de minha mãe, para que, encontrando-te fora, a sós, eu te pudesse beijar sem que ninguém me desprezasse!" (Ct 8,1). Este beijo é o da união de que vamos falando, na qual se iguala a alma a Deus, por amor. Este é o motivo por que o deseja a Esposa, dizendo como seria feliz ter o Amado por "irmão" – termo que significa e produz igualdade. "Amamentado aos peitos de sua mãe", isto é, consumidas todas as imperfeições e apetites da natureza humana, herdada de sua mãe Eva; e "achando-o fora", na solidão, a saber, unindo-se com Ele só, fora de todas as coisas, desprendida de todas elas, segundo a vontade e inclinação. E assim ninguém a desprezará, nem o mundo, nem a carne, nem o demônio, ousarão atrever-se a isso. De fato, quando a alma se acha livre e purificada de tudo, em união com Deus, nenhuma coisa poderá aborrecê-la. Daqui se origina para ela, neste estado, o gozo de uma contínua suavidade e tranquilidade, que nunca perde nem jamais lhe falta.

6. Além desta ordinária satisfação e paz, sucede também desabrocharem as flores de virtudes deste horto da alma, trescalando perfumes, de tal maneira que lhe parece estar cheia de

deleites divinos, e na verdade assim é. Digo que desabrocham essas flores de virtudes na alma porque, embora ela habitualmente as possua em perfeição, contudo, nem sempre está gozando delas de modo atual. Decerto, aquela paz e tranquilidade costumam causar-lhe satisfação, mas podemos afirmar que as virtudes, nesta vida, estão na alma como flores em botão, ainda fechadas, no jardim. É uma maravilha ver como, algumas vezes, sob a moção do Espírito Santo, se abrem todas essas flores, exalando de si mesmas os mais variados e admiráveis perfumes. A alma contempla, então, no seu íntimo, as flores "das montanhas", que significam, conforme dissemos acima[12], a abundância, grandeza e formosura de Deus; entrelaçados a elas, estão os lírios dos "vales nemorosos", isto é, descanso, refrigério e amparo; logo se vêm juntar as rosas perfumadas das "ilhas mais estranhas", simbolizando os peregrinos conhecimentos de Deus; aparecem também as açucenas dos "rios sonoros" a trescalarem seus olores, isto é, a revelação da magnificência de Deus que enche toda a alma; acrescenta-se ainda o delicado perfume dos jasmins dos "sussurros amorosos", ali entrelaçados, que dão igualmente seu gozo, neste estado. E do mesmo modo, todas as outras virtudes e dons, dos quais já falamos: o conhecimento sossegado, a "música calada", a "solidão sonora", a amorosa ceia com as suas delícias. Tão imenso é o deleite gozado e sentido pela alma, algumas vezes, em todas essas flores de virtudes em conjunto, que com muita verdade pode dizer: "Nosso leito é florido, de covas de leões entrelaçado". Ditosa a alma que nesta vida merecer gozar alguma vez o olor destas flores divinas! Continua o verso a dizer como este leito está também:

Em púrpura estendido

7. Pela púrpura é simbolizada, na Sagrada Escritura, a caridade. Serve também aos reis para suas vestes. Afirma aqui a alma estar o seu leito estendido em púrpura, porque todas as virtudes, riquezas e bens nele contidos estão fundados na caridade do Rei

---

12. Ver canções XIV e XV.

celestial, e só nesta caridade se sustentam e florescem, proporcionando gozo. Sem este amor, jamais poderia ela gozar deste leito e destas flores. De fato, todas as virtudes estão na alma como estendidas no amor de Deus, único receptáculo conveniente para bem conservá-las, e se acham como banhadas em amor. Todas e cada uma delas, efetivamente, estão sempre enamorando a alma de Deus, e em todas as obras e ocasiões levam-na amorosamente a maior amor de Deus. Tal é a significação do leito "em púrpura estendido". Nos sagrados Cantares temos disso a expressão exata, naquela liteira que Salomão fez para si, a qual era de madeira do Líbano, com colunas de prata e reclinatório de ouro, e os degraus de púrpura, ordenando tudo com a caridade (Ct 3,9-10). As virtudes e dotes com que Deus constrói este leito da alma – significados pela madeira do Líbano e as colunas de prata – têm seu reclinatório ou encosto no amor, simbolizado pelo ouro; pois, como já dissemos, as virtudes se firmam e se conservam no amor. Todas elas se ordenam e se exercitam mediante a mútua caridade de Deus e da alma, conforme acabamos de dizer. Acrescenta a alma que este leito é também

De paz edificado

8. Põe aqui a quarta excelência deste leito, a qual se deriva imediatamente da terceira, que foi descrita. Vimos como consistia no perfeito amor cuja propriedade é lançar fora todo temor, segundo a palavra de São João (1Jo 4,18); daí procede consequentemente a perfeita paz da alma, quarta excelência deste leito, conforme estamos dizendo. Para melhor compreensão, torna-se necessário saber que cada uma das virtudes é em si mesma pacífica, mansa e forte; logo, produz na alma que a possui estes três efeitos, de paz, mansidão e fortaleza. Como este leito florido está composto de todas as flores de virtudes e todas elas são pacíficas, mansas e fortes, daí procede estar edificado na paz, achando-se a alma pacífica, mansa e forte. São três propriedades que impossibilitam toda guerra e combate, tanto da parte do mundo como do demônio ou da carne; tor-

nam a alma tão tranquila e segura que lhe parece, na verdade, estar toda edificada na paz. A quinta propriedade deste leito florido é ser, além de tudo isto,

De mil escudos de ouro coroado

9. Os escudos são aqui os dons e virtudes da alma. Embora tenhamos dito que são flores, também lhe servem agora de coroa e prêmio, pelo trabalho que teve em conquistá-las. Muito mais ainda, vêm a servir-lhe, ao mesmo tempo, de defesa, quais fortes escudos, contra os vícios aniquilados pelo exercício delas. Por esta razão, o leito florido da Esposa, com as virtudes por coroa e proteção, acha-se não só coroado para recompensa da mesma Esposa, mas protegido por elas como por fortes escudos. Acrescenta a alma que estes escudos são de ouro, querendo manifestar assim o valor imenso das virtudes. A Esposa nos Cantares diz a mesma coisa por outras palavras: "Eis aqui o leito de Salomão, ao qual rodeiam sessenta fortes dos mais valentes de Israel, cada um deles leva a espada ao lado, para defesa contra os temores noturnos" (Ct 3,7). Ao dizer o verso que os escudos são em número de mil, dá a entender a grande cópia de virtudes, graças e dons com que Deus enriquece a alma neste estado; e para significar essa mesma inumerável profusão das virtudes da Esposa, emprega o Esposo idêntica expressão: "Teu colo é como a torre de Davi, edificada com seus baluartes: dela estão pendentes mil escudos, e todas as armaduras dos fortes" (Ct 4,4).

Anotação para a canção seguinte

1. A alma chegada a esta altura de perfeição não se satisfaz somente em louvar e enaltecer as excelências de seu Amado, o Filho de Deus, nem tampouco em cantar e agradecer as mercês que dele recebe, e os deleites que nele goza. Deseja referir também os dons concedidos pelo Esposo às outras almas, porque, nessa bem-aventurada união de amor, a alma contempla tudo isto em conjunto. Para louvar, pois, o Amado, e render-lhe graças por tais mercês feitas às outras almas, diz esta canção:

Canção XXV

> Após tuas pisadas
> Vão discorrendo as jovens no caminho,
> Ao toque de centelha,
> Ao temperado vinho,
> Dando emissões de bálsamo divino.

Explicação

2. Nesta canção, a Esposa louva o Amado por três mercês que as almas devotas recebem dele, e por cujo meio se afervoram e adiantam mais no amor de Deus; como a alma já as experimentou neste estado, aqui as menciona. A primeira, diz, é a suavidade que o Esposo lhes dá de si mesmo: é de tal modo eficaz que as impele a andar com extrema rapidez no caminho da perfeição. A segunda é uma visita amorosa com que subitamente as inflama no amor. A terceira consiste na abundância da caridade nelas infundida, embriagando-as tão fortemente que lhes transporta o espírito – tanto nesta embriaguez como na visita de amor – em louvores de Deus e afetos suavíssimos de amor. A alma, pois, fala assim:

Após tuas pegadas

3. As pisadas são rastros deixados pelos pés de alguém que passa, e por estes rastros vai-se descobrindo e buscando quem por ali andou. O conhecimento, cheio de suavidade, proporcionado por Deus de si mesmo à alma que o busca, é este rastro e pisada por onde ela vai conhecendo e procurando a Deus. Eis por que a alma diz aqui ao Verbo, seu Esposo: após tuas pisadas, isto é, atrás do rastro de tua divina suavidade, que imprimes nos seus corações, e do teu olor que neles derramas,

Vão discorrendo as jovens no caminho

4. Isto é, as almas devotas, as quais com forças de juventude, recebidas nesta suavidade de tuas pisadas, correm por mui-

tas partes e de muitas maneiras no caminho da vida eterna. Efetivamente, este é o significado aqui da palavra "discorrer". Cada alma por seu lado, e conforme a sua própria vocação, segundo o espírito e o estado que Deus lhe dá, com muita diversidade de exercícios e obras espirituais, segue por esse caminho, que consiste na perfeição evangélica na qual encontram o Amado em união de amor depois de terem chegado à desnudez espiritual acerca de todas as coisas. Esta suavidade e este rastro, que Deus imprime de si na alma, torna-a muito ligeira para correr após o Amado. Muito pouco ou mesmo nada é o que de sua parte trabalha ela então para percorrer este caminho, pois este divino rastro do Esposo com tal eficácia a move e atrai que não somente anda, mas também, como dissemos, nele corre de muitas maneiras. Por isso a Esposa nos Cantares pediu ao Esposo esta divina atração, dizendo: "Atrai-me, correremos após ti ao olor de teus perfumes" (Ct 1,3). E, depois de ter aspirado este divino perfume, acrescentou: "Ao olor de teus perfumes corremos; as jovens te amaram extremamente"[13]. Disse também Davi: "Corri pelo caminho dos teus mandamentos quando dilataste o meu coração" (Sl 118,32).

> *Ao toque de centelha,*
> *Ao temperado vinho,*
> *Dando emissões de bálsamo divino*

5. Nos dois primeiros versos, explicamos como as almas, atrás das pisadas divinas, vão correndo no caminho, por exercícios e obras exteriores. Nestes três de agora, trata a Esposa do exercício interior da vontade, em que se empregam essas almas, movidas por duas novas graças ou visitas íntimas do Amado – denominadas aqui "toque de centelha" e "temperado vinho". O próprio exercício interior da vontade, resultante e proveniente dessas duas visitas, é chamado "emissões de bálsamo divino". A primeira dessas duas mercês – o toque de centelha – é um contato sutilíssimo do Amado na alma, em al-

---

13. Estas palavras são de uma antífona do Ofício de Nossa Senhora.

gumas ocasiões, mesmo quando ela está mais descuidada. Este toque incendeia-lhe o coração de tal modo, no fogo do amor, que parece na verdade uma centelha de fogo que saltou para abrasá-la. Com grande celeridade, então, como quem volta a si de repente, inflama-se a vontade em amor e desejo, louvando, agradecendo e reverenciando a Deus, estimando-o acima de tudo, e dirigindo-lhe súplicas, com amoroso deleite. A estes atos chama aqui a alma "emissões de bálsamo divino", correspondentes ao toque das centelhas que saltam daquele fogo do divino amor de onde procedem, o qual é bálsamo divino a confortar e curar a alma com seu olor e substância.

6. Deste divino toque fala assim a Esposa nos Cantares: "O meu Amado meteu a mão pela abertura, e as minhas entranhas estremeceram ao seu toque" (Ct 5,4). O toque do Amado é este a que nos referimos agora, com o qual Deus inflama a alma em seu amor; a mão significa a mercê que nisto lhe faz; a abertura por onde entrou a mão do Amado é a maneira, estado e grau de perfeição que tem a alma, pois nesta mesma proporção costuma ser o toque em maior ou menor intensidade, de um modo ou de outro, conforme o quilate espiritual da mesma alma. As entranhas que estremeceram representam a vontade onde se produz o toque; o estremecimento é o transporte dela em afetos e aspirações a Deus, desejando amar, louvar e empregar-se em todos aqueles atos referidos acima, os quais são as emissões de bálsamo divino que deste toque redundam, conforme dissemos.

7. "Ao temperado vinho." Este vinho temperado é outra mercê muito maior que Deus concede, algumas vezes, às almas já adiantadas, inebriando-as no Espírito Santo, com um vinho de amor, suave, saboroso e fortificante, e por isso lhe dá o nome de "vinho temperado". Assim como este vinho especial é condimentado com muitas e diferentes substâncias que lhe dão força e perfume, também este amor de Deus, concedido às almas já perfeitas, está condimentado e assentado no íntimo delas, e temperado com as virtudes que possuem. Este amor,

aromatizado como o vinho, com tão preciosas especiarias, produz na alma tal vigor e abundância de suave embriaguez que, nestas visitas de Deus, a alma é movida com grande eficácia e força a dirigir ao seu Amado aquelas emissões, ou emanações de louvor, amor, reverência, e outros afetos, como já dissemos; ao mesmo tempo, sente admiráveis desejos de o servir e de padecer por Ele.

8. É preciso saber que esta graça de suave embriaguez não passa tão depressa como a do toque de centelha, pois é muito mais persistente. A centelha toca a alma e se extingue, embora seu efeito dure um pouco e chegue, mesmo algumas vezes, a prolongar-se muito; o vinho temperado, ao contrário, sempre dura por mais tempo, tanto ele como o seu efeito, de suave amor pelo espaço de um ou dois dias, em algumas ocasiões, e até por muitos dias seguidos. A intensidade, contudo, varia, pois não é sempre com o mesmo grau; algumas vezes diminui, outras cresce, sem depender da alma. Por vezes, acontece-lhe sentir, sem nada fazer de sua parte, que este vinho divino lhe vai embriagando a íntima substância, e ao mesmo tempo inflamando o espírito, conforme as palavras de Davi: "O meu coração abrasou-se dentro de mim; e na minha meditação inflamar-se-á o fogo" (Sl 38,4). As emissões provenientes desta embriaguez de amor duram às vezes todo o tempo em que a alma a experimenta; ocasiões há, contudo, em que sente a embriaguez sem as emissões. A intensidade destas, quando se produzem, é proporcional à embriaguez de amor. Quanto aos efeitos da centelha, dá-se o contrário, persistem mais do que ela mesma, pois são efeitos que deixa na alma; são muito mais incendidos do que os da embriaguez, pois esta divina centelha deixa por vezes a alma a abrasar-se e queimar-se em amor.

9. Já que falamos do vinho condimentado, será bom observar brevemente aqui a diferença existente entre o vinho limpo, a que chamam "vinho velho", e o vinho novo; é a mesma diferença que há entre os antigos e novos amigos e servirá para dar aqui um pouco de doutrina aos espirituais. O vinho novo não

tem ainda a borra assentada e separada, por isso está fermentando exteriormente, sem que se possa ainda avaliar a sua qualidade e força – o que só se verá quando estiver bem-assentada a borra e passar a fermentação. Até então, corre grande risco de toldar-se. Tem o gosto forte e desagradável, e faz mal a quem dele bebe muito, pois sua força está ainda toda na borra. O vinho velho já tem assentada e eliminada a borra, e, portanto, já desapareceram aquelas fermentações superficiais que se veem no novo. Logo se percebe a sua boa qualidade, sem que haja mais risco de toldar-se, pelo fato de não ter mais a efervescência e fermentação da borra que o poderia prejudicar. O vinho bem-assentado, efetivamente, é raro que se turve ou estrague, e tem o gosto suave, com a sua força na substância e não no sabor, causando bem-estar e fortalecendo a quem o bebe.

10. Os que começam a amar são comparados ao vinho novo. Principiando a servir a Deus, trazem os fervores deste vinho de amor muito manifestos ao sentido; não assentaram ainda a borra, que é este sentido fraco e imperfeito, e põem a força do seu amor no sabor sensível. Efetivamente é pelo sabor sensível que, de ordinário, se movem e animam a obrar. E, assim, não há que fiar em tal amor enquanto não se acabam aqueles grosseiros gostos e fervores sensíveis. Sem dúvida, o fervor sensível e o calor do sentimento podem ajudar a alma, inclinando-a para o amor bem-ordenado e perfeito, e servirem assim de meio para alcançá-lo, uma vez assentada a borra de imperfeição. É, todavia, muito fácil também, nestes princípios, com a novidade de gostos, estragar-se o vinho do amor, se o fervor e o sabor sensível vierem novamente a faltar. Estes, que começam a amar, sempre trazem ânsias e agitações de amor sensível; convém que se lhes modere a bebida, pois, se forem muito levados pela efervescência deste vinho, em suas ações, estragar-se-á neles o natural, com estas ânsias e inquietações de amor, isto é, deste vinho novo, o qual é acre e desagradável, não tendo sido ainda suavizado pela perfeita cocção em que se acabam essas ânsias de amor, como logo diremos.

11. Comparação idêntica faz o Sábio no Eclesiástico, por estas palavras: "O amigo novo é como o vinho novo; tornar-se-á velho, e o beberás com suavidade" (Eclo 19,15). Os velhos amigos, já exercitados e provados no serviço do Esposo, são como o vinho velho, que já tem assentada a borra, e não produz mais aquelas efervescências sensíveis, nem aquelas impetuosidades e entusiasmos fogosos no exterior. Gozam da suavidade do vinho do amor já bem fermentado na substância, e não mais se detêm naquele sabor sensível, como é o do amor dos que começam; saboreiam, no íntimo da alma, este vinho de amor em sua substância e suavidade espiritual, que se manifesta em obras verdadeiras. Não querem mais apegar-se aos gostos e fervores sensíveis, e nem mesmo os desejam para não terem agitações e tristezas. Na verdade, quem larga rédeas ao apetite para qualquer gosto sensível necessariamente há de ter penas e desgostos no sentido, e também no espírito. Estes amigos velhos, carecendo daquela suavidade espiritual cuja raiz está no sentido, já não têm essas penas e agitações no sentido e no espírito, e assim é maravilha se faltarem a Deus; estão acima do que os poderia levar a isso, isto é, acima da sensualidade. Bebem o vinho do amor não somente assentado e limpo de borra, mais ainda temperado, conforme diz o verso, com as especiarias das virtudes perfeitas que não o deixam toldar como o novo. Por isso, o amigo velho é de grande estimação diante de Deus, e a ele se referem as palavras do *Eclesiástico*: "Não deixes o amigo velho; porque o novo não será semelhante a ele" (Eclo 9,14). Com este vinho, pois, de amor já provado e temperado na alma é que realiza o Amado a embriaguez divina, da qual falamos, em cuja força dirige a alma a Deus as suaves e saborosas emissões. O sentido, portanto, dos três versos é o seguinte: Ao toque da centelha com que despertas minha alma, e o temperado vinho com que amorosamente a inebrias, ela te envia as emissões de bálsamo divino, as quais são os movimentos e atos de amor que nela provocas.

Anotação para a canção seguinte

1. Como não estará, pois, tão ditosa alma neste leito florido, onde sucedem as sublimes coisas que já relatamos, e ainda muitas outras mais, tendo ela por reclinatório seu Esposo, o Filho de Deus, e por dossel e coberta a caridade e amor do mesmo Esposo! Decerto, tem o direito de fazer suas as palavras da Esposa: "A sua mão esquerda está sob a minha cabeça" (Ct 2,6). Com toda a verdade poder-se-á afirmar que esta alma está agora revestida de Deus, e banhada na divindade; não só exteriormente e na superfície, mas no íntimo do seu espírito, onde tudo se transforma em deleites divinos, inundada em abundância de águas espirituais de vida, experimenta o que diz Davi dos que estão desta maneira unidos a Deus: "Embriagar-se-ão da abundância de tua casa, e tu os farás beber na torrente de tuas delícias. Porque em ti está a fonte da vida" (Sl 35,9-10). Que fartura não será, então, a desta alma em seu íntimo ser, se a bebida que lhe dão é nada menos do que uma torrente de deleites, a qual é o próprio Espírito Santo, a quem São João dá o nome de "rio de água viva", resplandecente como cristal, saindo do trono de Deus e do Cordeiro! (Ap 22,1). Estas águas vivas, contendo em si mesmas o mais íntimo amor de Deus, infundem intimamente na alma e lhe dão a beber essa mesma torrente de amor que, como dissemos, é o Espírito de seu Esposo, infundido nela pela graça desta união. Em razão disso, a alma canta, com grande abundância de amor, a canção seguinte.

Canção XXVI

> Na adega interior
> Do Amado meu, bebi; quando saía,
> Por toda aquela várzea
> Já nada mais sabia,
> E o rebanho perdi que antes seguia.

Explicação

2. Conta a alma, nesta canção, a soberana mercê que Deus lhe fez, em recolhê-la no íntimo de seu amor, e esta é a graça da união transformante no amor divino. Refere dois frutos que daí tirou: olvido e alheamento de todas as coisas do mundo, e mortificação de todos os seus apetites e gostos.

Na adega interior

3. Para dizer algo sobre esta adega, e declarar o que a alma aqui deseja exprimir, ou significar, seria mister que o Espírito Santo tomasse a mão e movesse a pena. Esta adega, mencionada pela alma, é o mais extremo e íntimo grau de amor a que ela pode chegar nesta vida. Esta é a razão de dar-lhe o nome de "adega interior", isto é, a mais íntima; donde se conclui que há outras, menos interiores; a saber, os graus de amor pelos quais se sobe esta última. Podemos classificar estes graus ou adegas de amor em número de sete; a alma os possui todos, quando se acha na posse perfeita dos sete dons do Espírito Santo, segundo a sua capacidade para os receber. Assim, quando a alma chega a possuir em perfeição o espírito de temor, tem igualmente em perfeição o espírito de amor, pois esse temor, que é o último dos sete dons, é filial, e sendo temor perfeito de filho, procede do amor perfeito do Pai. Vemos que a Sagrada Escritura, quando quer dizer que alguém é perfeito na caridade, chama-o "temente a Deus". Donde Isaías, profetizando a perfeição de Cristo, disse: "Será cheio do espírito do temor de Deus" (Is 11,3). E também São Lucas chama ao velho Simeão de timorato: "Era varão justo e timorato" (Lc 2,25). E o mesmo é dito de muitos outros.

4. Notemos que muitas almas chegam e entram nas primeiras adegas, cada uma segundo a perfeição de amor que lhe é própria; mas, nesta última e mais interior, poucas são as almas que nela penetram, nesta vida; porque aí já se realiza a perfeita união com Deus, chamada "matrimônio espiritual", e referida pela alma neste lugar. O que Deus lhe comunica nessa estreita união é totalmente inefável; não se pode traduzir por palavras, assim como não é possível dizer algo que corresponda

ao que Ele é em si mesmo. É o próprio Deus quem se comunica à alma, com admirável glória, transformando-a nele; ambos não fazem mais do que um, por assim dizer, como a vidraça com o raio de sol que a ilumina, ou como o carvão inflamado e o fogo, ou ainda como a luz das estrelas com a do sol. Esta união, todavia, não se efetua de modo tão perfeito e essencial como na outra vida. Para dar uma ideia do que recebe de Deus nesta adega interior de união, a alma não diz outra coisa, nem penso poderia dizer palavra mais adequada, para exprimir algo desse mistério, do que o verso seguinte:

Do Amado meu, bebi

5. Assim como a bebida se espalha e se derrama por todos os membros e veias do corpo, também esta comunicação divina se difunde substancialmente em toda a alma, ou, dizendo melhor, a alma se transforma toda em Deus, e, nessa transformação, bebe de seu Deus conforme sua própria substância e segundo suas potências espirituais. Quanto ao entendimento, bebe sabedoria e ciência; quanto à vontade, bebe amor suavíssimo; e, quanto à memória, bebe alegria e deleite, com lembrança e sentimento de glória. Referindo-se primeiramente ao deleite que recebe e goza em sua substância, diz a alma nos Cantares: "Minha alma se derreteu quando o Amado falou" (Ct 5,6). O falar do Esposo significa justamente essa comunicação dele à alma.

6. Que o entendimento beba sabedoria, também o declara a Esposa no mesmo livro, quando, em seu desejo de alcançar esse beijo de união, pediu-o ao Esposo dizendo: "Ali me ensinarás" – isto é, sabedoria, e ciência de amor – "e eu te darei a beber um vinho temperado e um licor novo das minhas romãs" (Ct 8,2): querendo significar, meu amor, temperado com o teu, ou seja, transformado no teu.

7. Quanto à terceira potência, a vontade, afirma igualmente a Esposa, no mesmo Livro dos Cantares, que bebe ali amor: "Introduzindo-me na adega do vinho, ordenou em mim

a caridade" (Ct 2,4). É o mesmo que dizer: deu-me a beber amor, mergulhada no seu próprio amor. Ou mais claramente, falando com maior exatidão: ordenou em mim sua caridade, conformando-me e assimilando-me à sua mesma caridade, o que significa beber a alma no Amado, seu mesmo amor, infundido nela pelo próprio Amado.

8. É bom observar aqui, a respeito da opinião de alguns, de que não pode amar a vontade sem primeiro compreender o entendimento, que isto é certo do ponto de vista natural. De fato, por via natural, não é possível amar sem antes conhecer o que se ama. Por via sobrenatural, porém, Deus pode muito bem infundir amor, e fazê-lo crescer, sem infundir nem aumentar o conhecimento distinto, como podemos ver no texto da Sagrada Escritura citado acima. Realidade esta, aliás, bem experimentada por muitos espirituais: muitas vezes se sentem arder em amor de Deus sem, contudo, lhes ser dado mais distinto conhecimento dele; podem, portanto, entender pouco e amar muito, como, também, entender muito e amar pouco. E ordinariamente acontece que almas não muito avantajadas no conhecimento de Deus costumam aproveitar melhor quanto à vontade, e lhes basta a fé infusa em lugar da ciência do entendimento; então, é só mediante a fé que Deus lhes infunde caridade, intensificando-a em seus atos, e consequentemente essas almas chegam a maior amor, embora não lhes seja aumentado o conhecimento. Pode, assim, a vontade beber amor, sem que o entendimento beba nova inteligência; mas, no caso de que vamos tratando – da alma que bebeu de seu Amado –, como é união na adega interior, segundo as três potências, todas, como dissemos, bebem juntamente.

9. Em quarto lugar, está claro que a alma também bebe ali de seu Amado quanto à memória, pois está ilustrada com a luz do entendimento em lembrança dos bens que está possuindo e gozando nessa união de seu Esposo.

10. Esta bebida divina endeusa e levanta de tal modo a alma, embebendo-a no próprio Deus, que,

Quando saía

11. Isto é, depois que acabou de receber esta mercê; pois, embora a alma permaneça sempre neste sublime estado do matrimônio espiritual, uma vez chegada a ele, nem sempre está em união atual segundo as suas potências, mas sim quanto a sua substância. Nesta união substancial, entretanto, muito frequentemente se unem também as potências, e bebem na adega interior, recebendo luz no entendimento, e amor na vontade etc. Dizendo agora a alma "quando saía", refere-se não a essa união substancial ou essencial que sempre persiste, e que constitui o estado do matrimônio espiritual, mas à união das potências, que não é contínua, nem o poderia ser nesta vida. Quando, portanto, a alma saía de tal união,

Por toda aquela várzea

12. Como a dizer: por toda a extensão deste mundo,

Já nada mais sabia

13. A razão disso é que aquela bebida de altíssima sabedoria de Deus, que ali recebeu, fez a alma olvidar todas as coisas do mundo. Parece haver olvidado até o que antes sabia; aliás, todo o saber humano das criaturas, em comparação daquela ciência divina, é pura ignorância. Para melhor compreensão desta verdade, precisamos entender que a causa formal desta ignorância da alma a respeito de todas as coisas do mundo, em chegando a esse estado, é estar agora ilustrada de uma ciência sobrenatural, diante da qual todo outro saber, convencional e humano, desta terra, mais se pode qualificar de não saber do que de saber. Elevada a alma a tão sublime sabedoria, conhece por esta luz como todas as sabedorias do mundo, que não se assemelham a ela, não merecem o nome de saber, e sim o de não saber, e, portanto, nelas nada há que saber. No que se afirma a verdade das palavras do Apóstolo, quando diz: "A sabedoria deste mundo é loucura diante de Deus" (1Cor 3,19). Eis o motivo de a alma asseverar que "já nada mais sabia", depois

de ter bebido aquela sabedoria divina. Não é possível chegar ao conhecimento desta verdade – da pura ignorância que é toda a sabedoria humana do mundo inteiro, e de quão pouco merece este ser sabido, a menos que a alma receba esta mercê, e Deus lhe comunique interiormente sua própria sabedoria, confortando-a com esta bebida de amor para que conheça claramente essa realidade. Assim o dá a entender Salomão, dizendo: "Visão que expôs um homem, com quem Deus está, e que, tendo sido confortado pela assistência de Deus que reside nele, disse: eu sou o mais insensato dos homens, e a sabedoria dos homens não está em mim" (Pr 30,1-2). Estando a alma naquele excesso de altíssima sabedoria de Deus, toda a sabedoria humana torna-se evidentemente baixa ignorância; porque até as ciências naturais e as mesmas obras feitas por Deus, diante do conhecimento do próprio Deus, são como ignorâncias, pois onde não se sabe Deus, nada se sabe. Eis por que aquilo que há de mais sublime em Deus parece aos homens extravagância e loucura, segundo afirma também São Paulo (1Cor 2,14). Os sábios de Deus e os sábios mundanos são loucos uns para os outros; nem os primeiros podem perceber a ciência do mundo, nem os segundos a sabedoria e ciência de Deus, porquanto a sabedoria do mundo é ignorância em relação à de Deus, e vice-versa.

14. Além disso, aquele endeusamento e transporte do espírito em Deus, que mantém a alma como arroubada e embebida em amor, toda transformada no mesmo Deus, não a deixam advertir em coisa alguma do mundo. E não somente fica a alma abstraída e aniquilada em relação a todas as coisas, mas ainda a si mesma, como resumida e desfeita em amor, isto é, numa fusão de todo o seu ser no Amado. Este "não saber", produzido pela união, a Esposa nos Cantares, depois de ter falado de sua transformação de amor no Esposo, bem o exprime na palavra *nescivi*, que significa "não o soube" (Ct 6,11). De certo modo, está a alma aqui como Adão no estado de inocência, que ignorava toda malícia; porque está agora tão inocente que não compreende o mal nem julga haver maldade em coisa

alguma. Ouvirá talvez muitas coisas más, e as verá com seus olhos, e não será capaz de entender que o são; isto procede de não ter em si hábito do mal por onde possa julgar assim, pois Deus tirou-lhe completamente os hábitos imperfeitos e a ignorância que encerra o mal do pecado, quando lhe infundiu o hábito perfeito da verdadeira sabedoria; e, portanto, também sobre esse ponto, pode dizer a alma, já nada mais sabia.

15. Muito menos se intrometerá ela em coisas alheias, visto como nem das suas se lembra. O espírito de Deus tem esta peculiaridade na alma em que reside: logo a inclina a ignorar e não querer saber as coisas alheias, mormente aquelas que não concernem ao seu próprio aproveitamento; porque este espírito divino é de recolhimento, atraindo interiormente a alma, antes para tirá-la das coisas estranhas do que para dar-lhe conhecimento delas, e assim faz com que não saiba de mais nada como antes sabia.

16. Não vamos pensar, porém, que a alma, permanecendo neste "não saber", venha a perder agora os hábitos de ciências adquiridas anteriormente, pois até se aperfeiçoam com este novo hábito mais perfeito, que é o da ciência sobrenatural infusa. Somente acontece que não mais têm domínio na alma de modo a que ela necessite servir-se deles para saber, embora lhe seja possível isto algumas vezes. Nesta união de sabedoria divina, juntam-se esses hábitos com uma sabedoria superior que encerra todas as ciências: é como uma luz pequenina que se une a outra muito mais possante que a absorve e passa a brilhar sozinha. A luz menor não se extingue, mas se aperfeiçoa na maior, embora por si mesma não seja a que mais brilha. Assim, entendo, será no céu. Não serão aniquilados os hábitos de ciência adquirida que levarem consigo os justos, mas estes não hão de fazer muito caso de tais hábitos, porque ficarão sabendo muito mais do que tudo isto na sabedoria divina.

17. Na absorção de amor em que a alma está, perde e ignora todos os conhecimentos e noções particulares das coisas e

atos imaginários, bem como qualquer outra apreensão que tenha forma ou figura; e isto sucede por duas causas. A primeira é que, ficando a alma atualmente absorvida e imersa naquela bebida de amor, não pode atender nem ocupar-se em outra coisa de modo atual. A segunda, e principal, é ser a mesma alma, naquela transformação em Deus, de tal maneira assimilada à simplicidade e pureza do próprio Deus (a qual não pode conter forma ou figura alguma imaginária) que se torna limpa e pura, e despojada de todas as formas e figuras apreendidas anteriormente, já agora purificada e ilustrada com aquela simples contemplação. Este efeito é semelhante ao do sol sobre a vidraça; infundindo nela sua luz, torna-a clara e faz desaparecer à vista todas as manchas e poeiras que eram perceptíveis; mas, uma vez afastado o raio luminoso, logo reaparecem as manchas e pontos escuros ali existentes. Na alma, todavia, como permanece e perdura algum tempo o efeito daquele ato de amor, também se prolonga o não saber, de modo a não lhe ser possível atender em particular a coisa alguma, até que passe o fervor do referido ato de amor. Este, do mesmo modo que a inflamou e transformou em amor, igualmente a aniquilou e desfez em tudo quanto não era amor, conforme podemos compreender pelas palavras de Davi: "Inflamou-se o meu coração, meus rins se mudaram, e eu fui reduzido a nada, e não o soube" (Sl 72,21-22). Mudaram-se os rins, nesta inflamação do coração, significa mudar-se a alma, quanto a todos os seus apetites e operações em Deus, numa nova maneira de vida, já totalmente desfeita e aniquilada a antiga em que antes vivia. E ao dizer o profeta que foi reduzido a nada, e não o soube, são assinalados os dois efeitos produzidos por esta bebida na adega interior de Deus. De fato, não apenas se aniquila todo o saber que a alma possuía anteriormente, e tudo lhe parece nada, mas também se aniquilam suas imperfeições e toda sua vida velha, renovando-se agora no homem novo, e este é o segundo efeito, contido no seguinte verso:

E o rebanho perdi, que antes seguia

18. É preciso saber que a alma, até chegar a este estado de perfeição do qual vamos falando, por mais espiritual, guarda sempre algum rebanhozinho de apetites e gostinhos, com outras imperfeições próprias, sejam naturais ou espirituais; anda atrás deles procurando apascentá-los, isto é, ocupando-se em satisfazê-los e seguir-lhes as inclinações. Quanto ao entendimento, costumam ficar na alma algumas imperfeições de apetites em saber as coisas. Acerca da vontade, deixa-se levar por alguns gostinhos e apetites próprios, ora no temporal, como possuir certas coisinhas, apegando-se mais a umas do que a outras, e algumas presunções, estimações e pontinhos em que reparam, além de outras bagatelas que ainda têm cheiro e sabor de mundo; ora acerca do material, na comida ou bebida, gostando mais disto ou daquilo, escolhendo e querendo o melhor. E também em relação ao espiritual, como seja desejar consolações de Deus, além de outras coisas descabidas, que jamais acabaríamos de enumerar, e são comuns aos espirituais ainda não perfeitos. Acerca da memória, muitas distrações, cuidados e lembranças inúteis costumam ter, e se lhes vai a alma atrás de tudo isto.

19. Igualmente a respeito das quatro paixões, têm esses espirituais, ainda imperfeitos, muitas esperanças e gozos, dores e temores, que são inúteis, e atrás destes sentimentos costuma andar a alma. Enfim, este rebanho que explicamos é mais ou menos numeroso, para uns ou para outros; mas geralmente todos o andam apascentando, até entrarem nesta adega interior onde vêm beber. Perdem-no, então, inteiramente, sendo transformados todos no amor, e aí consumidos estes rebanhos de imperfeições da alma, mais facilmente do que a ferrugem e o mofo dos metais no fogo. A alma, pois, já se sente livre de todas aquelas ninharias de gostinhos e inutilidades, após as quais andava se apascentando, e assim pode agora dizer com razão: "e o rebanho perdi, que antes seguia".

Anotação para a canção seguinte

1. Comunica-se Deus à alma com tantas veras de amor, nesta íntima união, que não há afeto de mãe acariciando seu filhinho com toda a ternura, nem amor de irmão, nem amizade de amigo, que se lhe possa comparar. A tanto chega, com efeito, a ternura e verdade do amor com que o imenso Pai regala e engrandece esta humilde e amorosa alma. Oh! Coisa maravilhosa e digna de todo o espanto e admiração: sujeitar-se Deus à alma, verdadeiramente, para exaltá-la, como se fora seu servo, e ela fora o seu senhor! E está tão solícito em regalá-la como se Ele fosse seu escravo e ela, seu Deus – tão profunda é a humildade e mansidão de Deus! Nesta comunicação de amor, o Senhor exercita, de certo modo, aquele ofício a que se refere no evangelho, dizendo que no céu se cingirá e servirá os seus escolhidos, passando de um a outro (Lc 12,37). Está ocupado aqui em festejar e acariciar a alma, tal como faz a mãe em servir e mimar o filhinho, criando-o aos seus mesmos peitos. Nisto experimenta a alma a verdade das palavras de Isaías: "Aos seus peitos sereis levados, e sobre seus joelhos sereis acariciados" (Is 66,12).

2. Que sentirá, pois, a alma aqui, entre tão soberanas mercês? Como não se desfará toda em amor! Qual não será a sua gratidão vendo esse peito de Deus aberto para ela com tão sublime e liberal amor! Vendo-se no meio de tantos deleites, entregando-se totalmente a Deus, dando-lhe também os seus peitos, isto é, sua vontade e amor, experimenta, então, e percebe no seu íntimo, o mesmo que sentia a Esposa nos Cantares, quando falava assim ao Esposo: "Eu sou para meu Amado e meu Amado para mim se volta. Vem, Amado meu, saiamos ao campo, moremos nas quintas. Levantemo-nos de manhã para ir às vinhas, vejamos se a vinha já deu flor; se as flores produzem fruto; se as romãs já floresceram. Ali te darei meus peitos" (Ct 7,10-13). Como a dizer: empregarei os deleites e força de minha vontade a serviço de teu amor. Assim é que se realizam estas duas entregas, da alma e de Deus nesta união; e, por isso, a mesma alma as refere na canção seguinte, dizendo:

Canção XXVII

> Ali me abriu seu peito
> E ciência me ensinou mui deleitosa;
> E a ele, em dom perfeito,
> Me dei, sem deixar coisa,
> E então lhe prometi ser sua esposa.

Explicação

3. Nesta canção, a Esposa relata a entrega que houve de ambas as partes – isto é, dela e de Deus – neste desposório espiritual. Diz como na adega interior se uniram os dois; o Amado a ela se comunicou, abrindo-lhe o peito de seu amor livremente, ensinando-lhe os segredos de sua sabedoria; e a alma se entregou a Ele de modo total, em dom perfeito e inteiro, sem reservar coisa alguma para si ou para outrem, tendo-se agora por toda sua para sempre. Segue-se o verso:

Ali me abriu seu peito

4. Abrir o peito de um ao outro significa dar o amor e a amizade mutuamente, descobrindo um ao outro seus próprios segredos como de amigo a amigo. Assim, em dizer a alma que o Esposo lhe abriu ali seu peito, quer mostrar como lhe comunicou seu amor e seus segredos; é isto o que Deus faz à alma neste estado de união. Mais adiante, continua ela a dizer no verso seguinte:

E ciência me ensinou mui deleitosa

5. A ciência deleitosa que a alma refere ter aprendido aqui é a teologia mística, ciência secreta de Deus – chamada, pelos espirituais, de contemplação –, a qual é mui saborosa, por ser ciência de amor, cujo mestre é o próprio amor donde lhe vem todo o deleite. Deus comunica esta ciência ou inteligência à alma, no amor com que Ele mesmo se dá; causa deleite ao entendimento, pois, como ciência, a ele pertence; e, ao mesmo tempo, traz gozo à vontade, por ser ciência de amor, o qual é próprio da vontade. E acrescenta logo:

E a ele, em dom perfeito,
Me dei, sem deixar coisa

6. Naquela suave bebida de Deus, em que, como dissemos, se embebe a alma no próprio Deus, com toda a sua vontade e com grande suavidade, entrega-se ela toda a Ele para sempre, querendo ser toda sua, e não ter em si mesma coisa estranha de Deus. Por sua vez, Deus produz na alma, mediante esta união, a perfeição e pureza para isto necessárias, porquanto transforma a alma nele, e a faz totalmente sua, tirando-lhe tudo que nela havia alheio a Deus. Em consequência, não somente segundo a vontade, mas também por obra, fica a alma, de fato, dada de todo a Deus, em dom perfeito, assim como Deus se deu livremente a ela. Pagam-se agora aquelas duas vontades, entregues e satisfeitas entre si, de modo que nada mais há de faltar, da parte de uma e de outra, em fidelidade e firmeza de desposório. Por esta razão, continua a alma, dizendo:

E então lhe prometi ser sua esposa

7. Assim como a desposada não dá a outro que não seja o Esposo todo o seu amor, sua atenção e suas obras, também a alma, neste estado, já não tem afetos de vontade, nem notícias de entendimento, nem outra qualquer solicitude ou atividade, que não seja para seu Deus, ao qual tendem todos os seus desejos. Está agora como divina, toda endeusada, a ponto de nem mais sentir primeiros movimentos para coisa alguma que seja contra a vontade de Deus, em tudo quanto pode entender. A alma imperfeita ordinariamente costuma sentir, ao menos por primeiros movimentos, inclinação para o mal, segundo o entendimento, a vontade e a memória, bem como em seus apetites e imperfeições; mas a alma no estado de união aqui referido sempre se move e inclina para Deus, mesmo nesses primeiros movimentos, pela grande firmeza e ajuda que acha nele, já em perfeita conversão ao bem. Tudo isso foi acertadamente expresso por Davi, quando assim falou de sua própria alma neste estado: "Porventura a minha alma não estará sujeita a Deus? Sim, pois que dele me vem a salvação. Porquanto Ele é meu Deus, meu salvador e meu rece-

bedor, não vacilarei jamais" (Sl 61,2). Nesta palavra "recebedor", dá a entender como, por estar sua alma toda recebida por Deus e unida a Ele – como esta de que falamos –, não havia de ter mais movimento algum contrário a Deus.

8. De tudo quanto dissemos se colige claramente que a alma chegada ao estado de desposório espiritual não sabe outra coisa a não ser amar, e andar sempre em deleites de amor com o Esposo. Como atingiu a perfeição, cuja forma e ser é o amor, segundo a palavra de São Paulo (Cl 3,14), e quanto mais alguém ama, tanto mais é perfeito naquilo que ama; logo, esta alma já perfeita é toda amor, se assim podemos dizer, e todas as suas ações são amor; todas as suas potências e, enfim, todo o seu cabedal, emprega no amor, dando tudo quanto possui, como o sábio mercador do evangelho (Mt 13,46), por este tesouro de amor que achou escondido em Deus. É ele tão precioso aos olhos do Senhor, e tão bem vê a alma como o Amado nenhuma coisa aprecia, nem de nada se serve, fora do amor, que ela, em seu desejo de o servir com perfeição, tudo emprega unicamente no puro amor de Deus. Não o faz só pelo fato de o querer Deus assim, mas também porque o amor que a une ao Amado move-a em tudo, e por meio de todas as coisas, ao mesmo amor de Deus. À semelhança da abelha que suga o mel contido nas flores, e delas não se serve para outro fim, do mesmo modo a alma, agora, em tudo quanto lhe acontece, com grande facilidade tira a doçura de amor ali encerrada. Ocupada toda em amar a Deus através de tudo, vendo-se agora penetrada e amparada pelo amor, como o está, não é capaz de entender, sentir e distinguir o que lhe traz gozo ou pena, porque não sabe outra coisa senão amor. Em todas as coisas, e em tudo quanto trata, seu único gozo é o deleite do amor divino. Para dar uma ideia disso, canta a seguinte canção.

Anotação para a canção seguinte

1. Dissemos que Deus não se serve de outra coisa a não ser do amor; antes, porém, de entrar no desenvolvimento desta

verdade, será bom dar aqui a razão dela, que é a seguinte: todas as nossas obras, bem como todos os nossos trabalhos, por maiores que sejam, nada são diante de Deus, porque com eles nada podemos oferecer a Deus, nem chegamos a cumprir seu único desejo: o de exaltar a alma. Nada deseja Ele para si de tudo quanto fazemos ou sofremos, pois de nada precisa; e, se de alguma coisa é servido, é de que a alma seja engrandecida. Ora, não há maior grandeza para a alma do que ser igualada a Deus. Por isso, Ele se serve somente do amor da alma, pois é próprio do amor igualar o que ama com o objeto amado. Como a alma já possui, enfim, perfeito amor, é chamada "Esposa do Filho de Deus"; este nome significa essa igualdade que tem agora com Ele – igualdade de amizade que torna tudo comum entre os dois, conforme a palavra do mesmo Esposo aos discípulos: "Já vos chamei amigos, porque vos dei a conhecer tudo aquilo que ouvi de meu Pai" (Jo 15,15). Diz assim a canção:

Canção XXVIII

> Minha alma se há votado,
> Com meu cabedal todo, a seu serviço;
> Já não guardo mais gado,
> Nem mais tenho outro ofício,
> Que só amar é já meu exercício.

Explicação

2. A alma, ou, dizendo melhor, a Esposa, depois de ter dito na canção passada como se deu toda ao Esposo sem reservar nada para si, exprime agora na canção presente o modo e plano de realizar a sua doação. Consiste em ter-se votado, de corpo e alma, com todas as potências e disposições, somente às coisas que são do serviço de seu Esposo, e a nenhuma outra mais. Por tal motivo, já não anda buscando seu próprio lucro, nem seus gostos particulares; tampouco se ocupa em outros objetos ou tratos estranhos e alheios a Deus. E ainda com o mesmo Deus,

já não tem outro estilo nem modo de tratar a não ser exercício de amor, pois mudou e trocou definitivamente em amor tudo quanto fazia antes, conforme se dirá agora.

Minha alma se há votado

3. Ao dizer isto, significa a entrega feita de si ao Amado naquela união de amor. Aí sua alma, com todas as potências, ficou entregue e dedicada ao serviço dele: o entendimento, ocupando-se em compreender aquilo em que poderá servir ao Amado, a fim de o fazer; a vontade, em amar tudo o que agrada a Deus, afeiçoando-se em todas as coisas à vontade dele; a memória, com solicitude no que é do seu serviço e mais lhe agrada. E acrescenta:

Com meu cabedal todo a seu serviço

4. Por todo seu cabedal é aqui compreendido tudo quanto pertence à parte sensitiva da alma. Nela, inclui-se o corpo com todos os sentidos e potências, interiores e exteriores, e toda a sua habilidade natural, isto é, as quatro paixões, bem como as inclinações da natureza e o mais que a alma possui. Tudo isso, afirma, já está empregado no serviço de seu Amado, assim como o está a parte racional e espiritual de que se falou no verso precedente. De fato, agora o corpo, em todos os seus sentidos interiores e exteriores, é tratado segundo a vontade de Deus, dirigindo para Ele todas as suas operações; as quatro paixões também estão submissas a Deus, pois a alma não se goza em outra coisa a não ser nele; não tem esperança alguma fora de Deus, nada teme a não ser a Deus e não sofre senão conforme o querer divino; enfim, todas as suas inclinações e cuidados tendem unicamente a Deus.

5. Todo este cabedal se acha tão inteiramente votado e dirigido a Deus que, mesmo sem advertência da alma, as diversas partes que o compõem, logo nos primeiros movimentos, já se inclinam a agir em Deus e por Deus; o entendimento, a vontade e a memória se elevam para Ele imediatamente em

suas operações, enquanto os afetos e sentidos, desejos e apetites, bem como a esperança, o gozo – e, enfim, tudo mais –, logo no primeiro instante tendem para Deus, mesmo quando a alma, torno a dizer, não se lembra de que está agindo por Ele. Consequentemente, com muita frequência faz suas ações para Deus, ocupando-se com Ele em obras de seu serviço, sem pensar nem lembrar-se de que o faz por Ele. O hábito e o costume já adquiridos de assim agir fazem com que ela não tenha mais necessidade dessa atenção e cuidado, nem mesmo dos atos fervorosos que fazia anteriormente ao começar suas obras. Porquanto este caudal já está assim votado a Deus do modo referido, necessariamente há de achar-se também a alma na disposição que exprime no verso seguinte, por estes termos:

Já não guardo mais gado

6. É como se dissesse: não ando mais a seguir meus gostos e inclinações. Uma vez que a alma os pôs em Deus, pela doação feita a Ele, não mais os apascenta nem os guarda para si mesma. E não se limita a dizer que não guarda mais este rebanho, mas acrescenta ainda:

Nem mais tenho outro ofício

7. Antes de chegar a fazer esta entrega e dom de si, com todo o seu cabedal, ao Amado, costuma a alma ter muitos ofícios inúteis, os quais lhe servem para contentar suas inclinações e também as alheias. Tantos eram esses ofícios, podemos afirmar, quantos hábitos imperfeitos possuía. Consistiam, por exemplo, em dizer palavras inúteis e pensar e ocupar-se em coisas vãs, não se servindo de suas faculdades conforme à perfeição da alma. Ainda existem outros apetites, por meio dos quais a alma satisfaz as inclinações de outrem: ostentações, cumprimentos, adulações, respeito humano, atitudes para dar boa impressão ou ações feitas com o fim de agradar às pessoas, e mais outras muitas coisas inúteis com que procurava cativar simpatias; em tudo isto se emprega a solicitude, o desejo, a atividade, e, finalmente, todo o cabedal da mesma alma. Agora, já não mais tem esses

ofícios, porque doravante todas as suas palavras, pensamentos e obras são de Deus, orientadas para Ele, sem mistura daquelas imperfeições antigas. Assim, quer a alma dizer: já não procuro satisfazer meus apetites ou os alheios, nem me ocupo ou entretenho com passatempos inúteis ou coisas do mundo,

Que só amar é já meu exercício

8. Como se dissesse: todos esses ofícios estão empregados no exercício do amor de Deus, isto é, toda a capacidade de alma e corpo, memória, entendimento e vontade, sentidos interiores e exteriores, inclinações da parte sensitiva e da espiritual, tudo agora se move só por amor e no amor; tudo quanto faço é com amor, e tudo quanto padeço é com o gosto do amor. Isto quis dar a entender Davi, quando disse: "Guardarei para ti a minha fortaleza" (Sl 58,10).

9. Observemos, aqui, como, ao chegar a alma a este estado, todo o exercício da parte espiritual ou da sensitiva, quer se trate de agir ou de sofrer, de qualquer modo que seja, sempre lhe causa maior amor e deleite em Deus. Até o próprio exercício de oração e trato com Deus, que outrora costumava alimentar por considerações ou métodos, agora é somente exercício de amor. Quer se ocupe em coisas temporais, quer se aplique às espirituais, sempre esta alma pode dizer que só amar é já seu exercício.

10. Ditosa vida! Ditoso estado, e ditosa a alma que a ele chega! Tudo agora lhe é substância de amor, regalo e deleite de desposório, no qual verdadeiramente pode a esposa dizer ao Esposo aquelas palavras de puro amor, expressa nos Cantares: "Guardei para ti, Amado meu, todos os frutos, novos e velhos" (Ct 7,13). Como se dissesse: Amado meu, tudo quanto é áspero e trabalhoso quero por teu amor; e tudo quanto há de suave e saboroso quero para ti. A significação própria deste verso consiste, porém, em declarar que a alma, no estado de desposório espiritual, vive em contínua união no amor de Deus, isto é, tem a sua vontade sempre presente diante de Deus por amor.

Anotação para a canção seguinte

1. Verdadeiramente esta alma está perdida para todas as coisas e conquistada só pelo Amor, não mais ocupando o espírito em outra coisa. Por tal razão, ainda mesmo na vida ativa e em outros exercícios exteriores desfalece, a fim de dar-se deveras ao cumprimento da única coisa que o Esposo declarou ser necessária (Lc 10,42): a permanência e o contínuo exercício de amor em Deus. Esta atitude é tão prezada e estimada por Ele que repreendeu Marta por ter querido apartar de seus pés Maria para ocupá-la em obras de vida ativa, ao serviço do Senhor. Julgava Marta que ela própria era quem fazia tudo, e Maria nada, estando só a gozar do Mestre, quando na verdade se dava o contrário, pois não há obra melhor nem mais necessária do que o amor. Assim também nos Cantares, o Esposo defende a Esposa, conjurando todas as criaturas do mundo – ali compreendidas pelo vocábulo de "filhas de Jerusalém" – a que não a perturbem em seu sono espiritual de amor, nem a despertem ou lhe abram os olhos a outra coisa, até que ela o queira (Ct 3,5).

2. Notemos aqui o seguinte: enquanto a alma não chega ao perfeito estado de união de amor, convém exercitar-se no amor tanto na vida ativa como na vida contemplativa; mas, quando a ele chega, não lhe é mais oportuno ocupar-se em obras e exercícios exteriores – sejam mesmo de grande serviço do Senhor, que possam no mínimo ponto impedir aquela permanência de amor em Deus. Na verdade, é mais precioso diante dele e da alma um pouquinho desse puro amor, e de maior proveito para a Igreja, embora pareça nada fazer a alma do que todas as demais obras juntas. Em razão disso Maria Madalena, ainda que com sua pregação fizesse grande proveito, e ainda maior o pudera fazer depois, contudo, inflamada pelo grande desejo de agradar ao Esposo e ser útil à Igreja, escondeu-se no deserto trinta anos, a fim de entregar-se deveras ao seu amor, persuadida de ser o lucro, desse modo, muito maior em todos os sentidos, pelo muito que aproveita e importa à Igreja um pouquinho deste amor.

3. Se alguma alma, portanto, tivesse algo deste solitário amor, seria grande agravo tanto para ela como também para a Igreja querer ocupá-la, ainda por tempo limitado, em coisas exteriores ou ativas, mesmo sendo estas de notável importância. Com efeito, se Deus conjura a todos para que não a despertem desse amor, quem ousará atrever-se sem ser por Ele repreendido? Afinal de contas, é este amor o fim para o qual fomos criados. Considerem aqui os que são muito ativos, e pensam abarcar o mundo com suas pregações e obras exteriores: bem maior proveito fariam à Igreja, e maior satisfação dariam a Deus – além do bom exemplo que proporcionariam de si mesmos –, se gastassem ao menos a metade do tempo empregado nessas boas obras em permanecer com Deus na oração, embora não houvessem atingido grau tão elevado como esta alma de que falamos. Muito mais haviam de fazer, não há dúvida, e com menor trabalho, numa só obra, então, do que em mil, pelo merecimento de sua oração, na qual teriam adquirido forças espirituais. Do contrário, tudo é martelar, fazendo pouco mais do que nada, e às vezes nada, e até prejuízo. Deus nos livre de que o sal comece a perder o sabor! Neste caso, quando mais parece que se faz alguma coisa exteriormente, em substância nada se faz, pois, é certo, as boas obras não podem ser realizadas senão por virtude de Deus.

4. Oh! Quanto se poderia escrever aqui sobre este assunto! Mas não é próprio deste lugar. Disse isto somente para dar a entender a canção seguinte, na qual a alma responde por si a quantos lhe impugnam este santo ócio, querendo que tudo sejam obras que brilhem e deslumbrem os olhos exteriormente. Não entendem esses qual a fonte e raiz oculta, donde brota a água e procede todo fruto. Assim diz a canção:

Canção XXIX

> Se agora, em meio à praça,
> Já não for mais eu vista, nem achada,
> Direis que me hei perdido,
> E, andando enamorada,
> Perdidiça me fiz e fui ganhada.

Explicação

5. Nesta canção, a alma responde a uma repreensão tácita da parte dos mundanos, os quais têm costume de reparar naqueles que se dão verdadeiramente a Deus, tachando-os de exagerados, por causa da abstração e do recolhimento em seu modo de proceder, achando também que eles são inúteis para as grandes obras, e perdidos para aquilo que o mundo aprecia e estima. A tal censura esta alma mui cabalmente satisfaz, aqui, afrontando com muita ousadia e coragem não só isto que lhe imputam, mas ainda a tudo mais quanto possa o mundo censurar-lhe; porque, tendo chegado ao vivo do amor de Deus, todo o resto lhe importa pouco. Aliás, a própria alma se empenha em confessá-lo nesta canção, dizendo que se preza e gloria de haver caído nesses excessos, e de se ter perdido ao mundo e a si mesma por amor de seu Amado. E, assim, dirigindo-se aos mundanos, faz questão de lhes dizer: se não a veem mais como outrora no meio deles, ocupada em afazeres e passatempos do mundo, podem afirmar e crer que ela, de fato, está perdida para eles e afastada de sua convivência. E considera isto tão grande bem que quis perder-se por sua própria vontade, para ir à procura de seu Amado, de quem anda muito enamorada. Com o fim de mostrar-lhes a vantagem que a ela trouxe tal perda, e não julguem ser loucura e engano, diz que essa mesma perda foi o seu lucro, e, por isso, propositadamente deixou-se perder.

> *Se agora, em meio à praça,*
> *Já não for mais eu vista, nem achada*

6. Por este nome "praça" é ordinariamente chamado o lugar público onde o povo costuma reunir-se para seus divertimentos e recreações, e no qual também os pastores apascentam seus rebanhos; assim, esta praça, de que fala aqui a alma, significa o mundo, onde aqueles que o seguem têm seus passatempos e reuniões, apascentando então os rebanhos de seus apetites. Diz, portanto, a esses mundanos que, se não for mais vista nem achada no meio da praça, como acontecia antes de se ter entregado totalmente a Deus, tenham-na por perdida a

este respeito, e que o proclamem, pois com isto muito se alegra, querendo que assim o façam, e ela mesma o confirma, dizendo:

Direis que me hei perdido

7. Não se afronta perante o mundo a alma que ama, quanto às obras feitas por amor de Deus, nem as esconde com vergonha, ainda que o mundo inteiro haja de condená-las. Na verdade, quem tem vergonha, diante dos homens, de confessar o Filho de Deus, deixando de fazer as obras do seu serviço, o próprio Filho de Deus se envergonhará de o confessar diante de seu Pai, segundo diz Ele por São Lucas (Lc 9,26). A alma, portanto, com intrepidez de amor antes se preza de que todos vejam o grande feito que realizou, para a glória de seu Amado, em perder-se a todas as coisas do mundo, e esta é a razão de exclamar: "Direis que me hei perdido".

8. Tão perfeita ousadia e determinação nas obras poucos espirituais alcançam. Sem dúvida, há alguns que agem desse modo, e procedem assim, e chegam a ter-se em conta de muito adiantados nisso; todavia, jamais acabam de se perder em certas coisas do mundo ou da natureza a ponto de fazerem as obras perfeitas e em total desprendimento, por amor de Cristo, e sem preocupação do que se há de dizer ou como as hão de julgar. Estes tais não poderão dizer: "Direis que me hei perdido", porque não estão perdidos a si mesmos em suas ações. Têm ainda vergonha de confessar a Cristo por obra diante dos homens, e deixam-se levar pelo respeito humano; não vivem ainda verdadeiramente em Cristo.

E andando enamorada

9. Isto é, andando a praticar as virtudes, enamorada de Deus,

Perdidiça me fiz e fui ganhada

10. Conhecendo bem a alma aquelas palavras com que o Esposo, no evangelho, afirma não ser possível a alguém servir a dois senhores, pois, para servir a um, forçosamente há de faltar

a outro (Mt 6,24), declara agora como, para não faltar a Deus, faltou a tudo quanto não é Ele; abandonou todas as coisas e deixou a si mesma, perdendo-se a tudo por seu amor. Quem anda deveras enamorado, logo se deixa perder a todo o resto, a fim de achar-se com maior vantagem no objeto de seu amor. Assim a alma diz aqui que voluntariamente se fez perdidiça, deixando--se, de indústria, perder. E isto de duas maneiras: a si mesma, não mais fazendo caso de sua pessoa em coisa alguma, para considerar somente o Amado, a quem se entregou de graça, sem qualquer interesse, tornando-se perdidiça para si mesma, e não querendo buscar seu próprio lucro em nada mais; e a todas as coisas, pois não faz mais caso das que lhe concernem, e sim unicamente das que dizem respeito a seu Amado. Eis o que significa fazer-se perdidiça: ter vontade de ser ganhada.

11. Tal é a alma que está enamorada de Deus. Não pretende vantagem ou prêmio algum, a não ser perder tudo e a si mesma, voluntariamente, por Deus, e nisto encontra todo o seu lucro. E na verdade assim é, conforme diz São Paulo: "O morrer é lucro" (Fl 1,21); isto é, para mim, morrer por Cristo é meu lucro espiritual em todas as coisas e para mim mesmo. Este é o motivo de dizer a alma: fui ganhada, pois, quem não sabe perder a si mesmo, não sabe achar seu ganho, mas antes se perde, como diz Nosso Senhor no evangelho: "O que quiser salvar sua alma, perdê-la-á e o que perder sua alma por amor de mim, achá-la-á" (Mt 16,25). Se quisermos entender este verso mais espiritualmente e com maior relação ao nosso assunto, precisamos saber o seguinte: quando uma alma, no caminho espiritual, chegou a ponto de perder-se a todas as vias e modos naturais de proceder em suas relações com Deus, e não mais o busca por meio de considerações ou formas, ou sentimentos, ou quaisquer outros intermediários de criatura ou sentidos, mas ultrapassou tudo isso, bem como toda a sua maneira pessoal, tratando com Deus e dele gozando puramente em fé e amor, então podemos dizer que, na verdade, esta alma ganhou a seu Deus, porque está verdadeiramente perdida a tudo quanto não é Ele, e a tudo quanto ela é em si mesma.

Anotação para a canção seguinte

1. Estando, pois, a alma assim ganhada por Deus, todas as suas obras lhe trazem proveito, porque toda a força de suas potências converge agora no trato espiritual de amor muito saboroso e íntimo com o seu Amado. Nesse trato, as comunicações interiores entre Deus e a alma são impregnadas de tão delicado e sublime deleite que não há língua mortal que o possa exprimir nem entendimento humano capaz de o entender. Como a noiva no dia de suas núpcias não se ocupa em outra coisa a não ser em festas e delícias de amor, e em ostentar todas as suas joias e prendas para com elas agradar ao Esposo, e este, de sua parte, faz o mesmo, mostrando-lhe todas as suas riquezas e excelências, a fim de causar-lhe alegria e consolação, assim também sucede à alma neste desposório espiritual, em que sente com toda a verdade o que a Esposa diz nos Cantares: "Eu sou para meu Amado, e o meu Amado para mim se volta" (Ct 7,10). As virtudes e prendas da alma esposa, bem como as magnificências e graças do Filho de Deus, seu Esposo, saem à luz, e são oferecidas em banquete para que se celebrem as bodas deste desposório; comunicam-se os bens e deleites de um a outro, com vinho de delicioso amor no Espírito Santo. Para manifestação disso, fala a alma com o Esposo nesta canção, dizendo:

Canção XXX

> De flores e esmeraldas,
> Pelas frescas manhãs bem escolhidas,
> Faremos as grinaldas
> Em teu amor floridas,
> E num cabelo meu entretecidas.

Explicação

2. Volve a Esposa, nesta canção, a falar com o Esposo, em comunicação e recreação de amor. Ocupa-se aqui em tratar do consolo e deleite que têm ambos – a alma Esposa e o Filho de

Deus – na posse destas riquezas de virtudes e dons que lhes são comuns, e no exercício recíproco dessas mesmas virtudes, das quais gozam mutuamente em comunicação de amor. Esta é a razão de dizer a alma, falando com o Esposo, que farão as grinaldas ricas em graças e virtudes adquiridas e ganhas em tempo propício e favorável. A beleza e o encanto que encerram procedem do amor que Ele tem a ela; e são sustentadas e conservadas pelo amor que ela dedica a Ele. Fazer as grinaldas com as virtudes significa, para a alma, gozar das mesmas virtudes, porque, de todas elas juntas, como de flores em grinaldas, gozam ambos entre si, nesse amor mútuo que os une.

De flores e esmeraldas

3. As flores são as virtudes da alma, e as esmeraldas são os dons que recebe de Deus. Destas flores e esmeraldas, portanto,

Pelas frescas manhãs bem escolhidas

4. Isto é, adquiridas e conquistadas nos anos da juventude, que são as frescas manhãs da vida. Bem escolhidas: as virtudes que se adquirem no tempo da mocidade são de escol e muito aceitas a Deus justamente por serem desse tempo de juventude, quando há maior contradição da parte dos vícios para adquiri-las, e a natureza se sente mais inclinada e pronta para perdê-las. E, também, as virtudes, quando são colhidas desde os anos da mocidade, se adquirem com maior perfeição e, portanto, são mais escolhidas. A alma dá o nome de "frescas manhãs" a esses tempos de juventude, porque, assim como o frescor da manhã na primavera é mais ameno do que as outras horas do dia, também as virtudes praticadas na juventude são mais agradáveis a Deus. Podemos ainda simbolizar, nas frescas manhãs, os atos de amor com os quais se adquirem as virtudes; causam eles maior prazer a Deus do que as frescas manhãs aos filhos dos homens.

5. São significadas igualmente por estas frescas manhãs as obras feitas na secura e dificuldade de espírito, e então se comparam à frescura das manhãs de inverno. Tais obras, feitas por amor de Deus, com dificuldade e falta de gosto sen-

sível, são muito apreciadas por Ele, porque oferecem à alma ocasião propícia para adquirir dons e virtudes. De fato, as que se adquirem, desta sorte e com trabalho, geralmente são mais escolhidas e esmeradas, e bem mais firmes do que as adquiridas somente com o gosto e deleite do espírito; pois a virtude praticada na secura, na dificuldade e no trabalho lança raízes, segundo a palavra do Senhor a São Paulo: "A virtude se aperfeiçoa na fraqueza" (2Cor 12,9). Para encarecer, portanto, a excelência das virtudes com as quais se hão de tecer as grinaldas para o Amado, a alma se exprime muito bem nestas palavras: "Pelas frescas manhãs bem escolhidas". Na verdade o Amado só se compraz em flores e esmeraldas de virtudes e dons bem escolhidos e perfeitos, e não em virtudes imperfeitas. Eis a razão de dizer agora a alma Esposa que, para seu Esposo, daquelas virtudes e dons,

Faremos as grinaldas

6. Para compreensão deste verso é preciso saber que todas as virtudes e dons, possuídos conjuntamente pela alma e Deus, estão nela como uma grinalda de várias flores, a qual a embeleza admiravelmente, como veste preciosa de cores variegadas. Para melhor o entender, observemos como as flores materiais vão sendo colhidas, a fim de ser feita com elas a grinalda; do mesmo modo as flores espirituais, que são as virtudes e dons, à proporção que se adquirem, se vão fixando na alma. Uma vez adquiridas, está completamente feita a grinalda da perfeição em que a alma e o Esposo se deleitam, aformoseados e ornados com esta grinalda, como efetivamente sucede no estado perfeito. São estas as grinaldas que, segundo diz a Esposa, hão de fazer: envolver-se e cercar-se destas variadas flores de virtudes, e das esmeraldas de dons perfeitos, a fim de apresentar-se dignamente, com tão precioso e belo adorno, perante a face do Rei, e merecer que Ele a iguale consigo, pondo-a a seu lado como Rainha, pois já o merece agora, com a formosura desta variedade. Daí vêm as palavras de Davi, falando com Cristo, a

este respeito: "A Rainha está à tua destra, com manto de ouro, cercada de variedade" (Sl 44,10). É como se dissesse: está à tua direita, vestida de perfeito amor, cercada desta variedade de dons e de virtudes perfeitas. Não diz: farei somente eu as grinaldas, nem tu as farás a sós, mas havemos de fazê-las, ambos, juntos. A razão disso é que não pode a alma praticar as virtudes ou alcançá-las sozinha, sem a ajuda de Deus; e, por sua vez, Deus não as concede à alma sozinho, sem a cooperação dela. Embora seja verdade que toda dádiva boa e todo dom perfeito vêm do alto, descendo do Pai das luzes, conforme diz São Tiago (Tg 1,17), contudo, não se pode alcançar graça alguma sem a capacidade de cooperação da alma que a recebe. Por este motivo, falando a Esposa nos Cantares ao Esposo, assim se exprime: "Atrai-me; após ti correremos" (Ct 1,3). O movimento para o bem, portanto, há de vir somente de Deus, segundo é dado a entender nessas palavras; mas o correr não é só dele nem só da alma, e sim de ambos juntos, significando a ação de Deus e da alma conjuntamente.

7. Este versinho se aplica com muita propriedade à Igreja e a Cristo, e nele é a Igreja sua Esposa que lhe diz assim: faremos as grinaldas. Nestas, são significadas todas as almas santas, geradas por Cristo na Igreja; cada uma é como uma grinalda, ornada de flores de virtudes e dons, e todas juntas formam como uma grinalda para a cabeça do Esposo, Cristo. Podemos também entender, por estas formosas grinaldas, as que por outro nome se chamam auréolas, feitas igualmente em Cristo e na Igreja, e são de três qualidades: a primeira, de lindas e níveas flores, que são todas as almas virgens, cada uma com a sua auréola de virgindade, as quais, unidas juntamente, serão uma só auréola para coroar o Esposo Cristo; a segunda, de resplandecentes flores, formada pelos santos doutores, os quais todos unidos formam outra auréola para sobrepor à das virgens, na cabeça de Cristo; a terceira, de rubros cravos que são os mártires, cada um, também, com sua auréola de mártir, e todos, reunidos em conjunto, tecerão a auréola para comple-

tar a do Esposo Cristo; e, assim, com essas três grinaldas ficará Ele tão aformoseado e gracioso à vista que, no céu, serão ditas as palavras da Esposa dos Cantares: "Saí, filhas de Sião, e vede o Rei Salomão com o diadema com que o coroou sua mãe no dia de seu casamento e no dia do júbilo de seu coração" (Ct 3,11). Faremos, pois, estas grinaldas, exclama a alma:

Em teu amor floridas

8. A flor que desabrocha das obras e virtudes é a graça e virtude que elas recebem do amor de Deus, sem o qual não somente deixariam de estar floridas, mas também permaneceriam secas e sem valor algum diante de Deus, embora humanamente perfeitas. Como, porém, o Esposo lhes dá seu amor e graça, tornam-se floridas, neste amor, as obras e virtudes,

E num cabelo meu entretecidas

9. Neste cabelo seu, a alma simboliza a sua vontade, e o amor que dedica ao Amado. O ofício que tem e exercita aqui este amor é o mesmo do fio na grinalda, o qual une e entrelaça as flores para tecê-la; assim, o amor da alma prende e entretece as virtudes, sustentando-as nela; porque a caridade, no dizer de São Paulo, é o vínculo e laço da perfeição (Cl 3,14). Desse modo, no amor da alma estão as virtudes e dons sobrenaturais tão necessariamente presos que, se houvesse nele quebra, por motivo de faltar a alma a Deus, logo se desatariam todas as virtudes e ficaria a mesma alma sem elas, assim como, partido o fio da grinalda, cairiam as flores. Não basta, pois, que Deus nos ame para dar-nos virtudes; é preciso que de nossa parte também o amemos, a fim de recebê-las e conservá-las. Diz a alma: num só cabelo, e não em muitos, para mostrar que sua vontade já está solitária e desprendida de todos os outros cabelos, isto é, de estranhos e alheios amores. Nisso encarece bem o valor e preço destas grinaldas de virtudes, pois, quando o amor está sólido e concentrado só em Deus, segundo a alma diz agora, as virtudes estão igualmente perfeitas e completas, e

muito floridas no amor de Deus. Torna-se então inestimável à alma esse amor divino, conforme ela mesma também o sente.

10. Se eu quisesse, porém, dar a entender a formosura deste entretecimento em que se unem, umas às outras, todas estas flores de virtudes, e estas esmeraldas de graças, ou se intentasse descrever algo da fortaleza e majestade que a sua ordem e harmonia põem na alma, bem como o primor e encanto com que a enfeita esta veste de variedade, não me seria possível achar palavras e termos com que o pudesse exprimir. No Livro de Jó, o Senhor assim diz do demônio: "O seu corpo é como escudos de bronze fundido, apinhoados de escamas que se apertam. Uma está unida à outra, de sorte que nem o vento passa por entre elas" (Jó 41,67). Se o demônio, pois, tem em si tão grande fortaleza, estando revestido de maldades presas e ordenadas umas com as outras – significadas aqui pelas escamas –, a ponto de ficar o seu corpo como se fosse de escudos de bronze fundido, e, no entanto, todas as maldades são em si fraquezas, como será então a fortaleza desta alma, sendo verdade que ela se acha toda revestida de fortes virtudes, tão presas e entretecidas entre si que não pode caber entre elas qualquer imperfeição ou fealdade? E se cada uma dessas virtudes vem ainda, com sua própria fortaleza, aumentar a fortaleza da alma, e, com sua formosura, acrescentar-lhe mais formosura, tornando-a rica com o valor e preço que lhes é próprio, e também conferindo a ela senhorio e grandeza com sua majestade? Que visão maravilhosa, aos olhos do espírito, a desta alma Esposa, colocada com todos estes dons, à direita do Rei, seu Esposo! "Quão belos são os teus pés, no calçado que trazes, ó filha do Príncipe!", eis como lhe fala o Esposo nos Cantares (Ct 7,1). Chama-a "filha do Príncipe" para manifestar o principado que a alma tem agora. E se Ele admira a beleza dos pés no calçado, qual não será a do vestido?

11. Não se limita o Amado somente a admirar a formosura da Esposa, quando a vê ornada com estas flores; também se espanta da fortaleza e poder que ela possui, pela composição e ordem das virtudes, às quais se entrelaçam as esmeraldas dos inumeráveis dons divinos. Por esta razão, diz Ele no mesmo

Livro dos Cantares, falando à Esposa: "És terrível como um exército em ordem de batalha" (Ct 6,3). Na verdade, estas virtudes e dons de Deus, assim como recreiam e alegram pelo seu espiritual olor, igualmente com a sua substância dão força à alma, nela estando desse modo unidos. Quando a Esposa estava fraca e enferma de amor, por não haver conseguido ainda unir e entrelaçar estas flores e esmeraldas com esse cabelo de seu amor, desejava fortalecer-se com essa união e conjunto delas, e por isso suplicava ao Esposo com estas palavras que lemos no Livro dos Cantares: "Confortai-me com flores, fortalecei-me com frutos, porque desfaleço de amor" (Ct 2,5). Pelas flores, simbolizava as virtudes, e pelos frutos, os demais dons divinos.

Anotação para a canção seguinte

1. Creio ter explicado como pelo entrelaçamento das grinaldas, e colocação delas na alma, quer a Esposa dar a entender a divina união de amor que, há neste estado, entre ela e Deus. Estas flores são o próprio Esposo, pois, segundo nos diz, é Ele a flor dos campos e o lírio dos vales (Ct 2,1). E o que prende e une à alma esta flor das flores é o cabelo do seu amor; porque, como afirma o Apóstolo, o amor é o vínculo da perfeição (Cl 3,14), a qual consiste na união com Deus. A alma é como a almofada onde se pregam estas grinaldas; de fato, ela é o receptáculo desta glória, e não parece mais a que era antes; transforma-se agora na própria flor perfeita, encerrando o acabamento e a formosura de todas as flores. Na verdade, este fio de amor une os dois, isto é, a alma e Deus, com tanta força, e tão intimamente os junta, que os transforma, faz um só pelo amor, pois, embora sejam diferentes quanto à substância, tornam-se iguais na glória e semelhança, de modo que a alma parece Deus, e Deus, a alma.

2. Tal é esta junção, mais admirável do que tudo quanto se possa dizer. Dela, algo podemos compreender pelo trecho da Sagrada Escritura referente a Jônatas e Davi, no Primeiro Livro de Samuel, onde lemos ser tão estreito o amor entre um e outro que conglutinou a alma de Jônatas com a de Davi (1Sm 18,1).

Ora, se o amor de um homem para com outro homem foi tão forte a ponto de conglutinar suas almas, qual não será a fusão entre a alma e o Esposo Deus, operada pelo amor que tem ela a Ele? Mormente, sendo Deus aqui o principal amante, que com a onipotência de seu abissal amor absorve em si a alma, com mais eficácia e força do que uma torrente de fogo a uma gota de orvalho matutino a evolar-se na atmosfera, transformada em vapor? Consequentemente, este cabelo, que realiza união tão perfeita, deve, sem dúvida, ser muito resistente e sutil para penetrar com tanta força as duas partes por ele unidas. Eis por que a alma descreve, na canção seguinte, as propriedades deste cabelo seu, tão formoso, dizendo:

Canção XXXI

> Só naquele cabelo
> Que em meu colo a voar consideraste
> – Ao vê-lo no meu colo –,
> Nele preso ficaste,
> E num só de meus olhos te chagaste.

Explicação

3. Três coisas quer dizer a alma nesta canção. A primeira é manifestar como o amor em que estão presas as virtudes não é outro senão unicamente o amor forte; e, verdadeiramente, tal há de ser, para conservá-las. A segunda é declarar que Deus se agradou muito deste cabelo de amor ao vê-lo sozinho e forte. A terceira é dizer que o mesmo Deus se enamorou intensamente dela, olhando a pureza e integridade de sua fé. A alma assim se exprime:

> *Só naquele cabelo*
> *Que em meu colo a voar consideraste*

4. O colo significa a fortaleza, na qual voava, diz a alma, este cabelo do amor, isto é, amor forte, no qual estão entrete-

cidas as virtudes. Não basta, com efeito, que este cabelo esteja sozinho, para conservar as virtudes; é preciso que seja também forte, a fim de não ser quebrado em parte alguma desta grinalda da perfeição, por qualquer vício contrário. Tão bem presas estão as virtudes, em seu entrelaçamento neste cabelo de amor da alma, que, se em alguma delas quebrasse, logo, como já dissemos, faltaria a Deus em todas as outras; porque, assim como onde está uma virtude estão todas, igualmente, na falta de uma, faltam as demais. A alma declara que o cabelo voava no colo: porque é na fortaleza da alma que voa o seu amor para Deus com grande força e ligeireza, sem deter-se em coisa alguma. O fio de cabelo sobre o colo põe-se a voar com o sopro da brisa; e o divino sopro do Espírito Santo move e agita amor forte para que alce seus voos até Deus. Sem este divino sopro a mover as potências no exercício do amor de Deus, não podem as virtudes nem produzir seus efeitos, embora estejam na alma. Em declarar que o Amado considerou este cabelo a voar no colo, dá a entender quanto tem Deus em apreço o amor forte; porque considerar significa olhar com particular atenção e estima aquilo em que se repara. E o amor forte atrai poderosamente a Deus para que nele ponha os olhos. Segue-se, pois:

Ao vê-lo no meu colo

5. Assim diz para manifestar que não somente teve Deus em grande estima e apreço este seu amor, vendo-o solitário, mas também que o amou ao vê-lo forte. Para Deus, olhar é amar, assim como o considerar consiste em estimar aquilo que considera. Torna a alma a repetir, neste verso, a palavra colo, dizendo, em relação ao cabelo: "Ao vê-lo no meu colo". Assim diz porque a causa de o ter amado muito é vê-lo com fortaleza. É, pois, como se dissesse: Amaste-o, vendo-o forte, sem pusilanimidade, ou temor, e também sozinho, sem outro amor algum, voando com ligeireza e fervor.

6. Até agora Deus não havia olhado este cabelo para encantar-se dele, porque não o havia visto só e desprendido de

182

outros cabelos, ou, por assim dizer, de outros amores e apetites, afeições e gostos, e, desse modo, não voava solitário no colo da fortaleza; mas, depois que, pelas mortificações e trabalhos, tentações e penitências, chegou a desprender-se e tornar-se forte, de modo a não mais quebrar-se por qualquer ocasião ou violência, então Deus o olhou, prendendo e unindo nele as flores dessas grinaldas, pois já tem fortaleza para sustentá-las firmes na alma.

7. Quais e como sejam as tentações e trabalhos, e até onde chegam à alma, para que ela possa alcançar esta fortaleza de amor, em que Deus se une a ela, dissemos algo na explicação das quatro canções, cujo início é: "Oh! Chama de amor viva. Havendo esta alma passado por aquelas provações, atingiu tão alto grau de amor de Deus que logrou merecer a divina união", e por isso acrescenta logo:

Nele preso ficaste

8. Oh! Maravilha digna de toda aceitação e gozo: Deus quedar-se preso em um cabelo! A causa de tão preciosa prisão é ter Ele mesmo querido deter-se a olhar o voo do cabelo, como exprimem os versos antecedentes; porque, conforme dissemos, para Deus, olhar é amar. Se Ele, por sua grande misericórdia, não nos tivesse olhado e amado primeiro, segundo a palavra de São João (1Jo 4,10), e não descesse até nós, de modo algum o voo do cabelo de nosso rasteiro amor faria nele presa. Não seria capaz de voo tão alto que chegasse a prender esta divina ave das alturas. Como, porém, ela quis abaixar-se a olhar-nos, e veio provocar-nos a que levantássemos o voo de nosso amor, dando-nos força e valor para isso, então ficou preso o próprio Deus no voo do cabelo, isto é, Ele próprio se agradou e contentou, e assim se tornou prisioneiro. É o que significa o verso: "Ao vê-lo no meu colo, nele preso ficaste". Podemos muito bem crer na possibilidade de uma ave de pequeno voo prender a águia real, de voo sublime, se esta descer a um lugar baixo, querendo ser presa. Segue-se:

E num só de meus olhos te chagaste

9. Pelo olho, compreende-se aqui a fé. Diz a alma que é um só, e que por ele ficou ferido o Amado; não fosse solitária a fé e fidelidade da alma, mas estivesse mesclada de qualquer consideração ou respeito humano, jamais chegaria a este resultado de chagar de amor ao mesmo Deus. Assim só um olho é capaz de ferir o Amado, bem como um só cabelo o faz cativo. Tão intenso é o amor com que o Esposo se agrada da Esposa, vendo nela esta fidelidade única, que, se em um cabelo do amor da alma ficasse preso, agora, no olho da fé, aperta com tão estreito laço esta sua prisão a ponto de ficar chagado de amor, pela grande ternura de afeto com que está afeiçoado a ela, introduzindo-a mais ainda, então, na profundidade de seu amor.

10. Idêntica comparação do cabelo e do olho faz o Esposo nos Cantares, falando com a Esposa assim: "Feriste meu coração, irmã minha esposa; feriste meu coração com um só de teus olhos, e com um só cabelo em teu colo" (Ct 4,9). Duas vezes insiste em dizer que a Esposa lhe feriu o coração: com o olho e com o cabelo. Por esse motivo, a alma, na canção presente, faz menção do cabelo e do olho, querendo manifestar a união que tem com Deus, segundo o entendimento e segundo a vontade. A fé, significada pelo olho, reside no entendimento que crê, e, ao mesmo tempo, na vontade que ama. De tal união gloria-se aqui a alma, e agradece esta mercê a seu Esposo como recebida das mãos dele, estimando como imensa graça o mesmo Esposo ter querido comprazer-se e ficar preso em seu amor. Podemos bem considerar, agora, qual o gozo, a alegria e o deleite da alma em ter tal prisioneiro; ela que, desde tanto tempo, era prisioneira dele, de quem andava sempre enamorada!

Anotação para a canção seguinte

1. Grande é o poder e a porfia do amor, que ao próprio Deus prende e encadeia! Ditosa a alma que ama, pois tem a Deus por prisioneiro, rendido a tudo quanto ela quiser! Na verdade, é tal a condição de Deus que, se o levarem por bem, conseguirão dele

tudo quanto quiserem. Se procederem de outra maneira, não adianta falar-lhe, nem se pode alcançar dele coisa alguma, por maiores extremos que se façam; porém, por amor, até com um cabelo o farão cativo. Conhecendo a alma esta realidade, e quão longe de seus méritos estão as grandes mercês que Deus lhe fez, em levantá-la a tão sublime amor, com tão ricas prendas de dons e virtudes, tudo atribui a Ele na seguinte canção, na qual lhe diz:

Canção XXXII

> Quando tu me fitavas,
> Teus olhos sua graça me infundiam;
> E assim me sobreamavas[14],
> E nisso mereciam
> Meus olhos adorar o que em ti viam.

2. É próprio do perfeito amor nada querer admitir ou tomar para si, nem atribuir-se coisa alguma, mas tudo referir ao Amado. Se ainda nos amores da terra assim é, quanto mais no amor de Deus, onde tanto obriga a razão! Nas duas canções passadas, a Esposa parecia atribuir a si mesma alguma coisa, tal como dizer, por exemplo, que faria as grinaldas juntamente com o Esposo, e estas seriam tecidas com um fio de seu próprio cabelo – o que representa obra de não pouco valor e importância. Depois, gloria-se dizendo que o Esposo ficara preso em um cabelo dela, e chagado em um de seus olhos, dando assim a impressão de atribuir a si mesma um grande merecimento. Por causa disso, quer agora, na presente canção, declarar seu intento e desfazer o engano que as suas palavras anteriores poderiam ocasionar, pois está com cuidado e receio de que se atribua a ela algum mérito e valor, e consequentemente seja atribuído a Deus menos do que lhe é devido e ela deseja. Referindo, então, tudo ao Amado, e ao mesmo tempo dando-lhe graças, confessa o motivo pelo qual Ele ficou preso no cabelo de seu amor e chagado pelo olho de sua fé: foi porque o mesmo Deus

---

14. É empregada aqui esta palavra para traduzir o verbo "adamar", segundo a interpretação própria de N. P. São João da Cruz neste verso e na explicação respectiva.

lhe fez mercê de a fitar com amor, e, com isso, torná-la graciosa e agradável a seus divinos olhos. Por esta graça que dele recebeu, fez-se merecedora do seu amor, tendo agora virtude para adorar de modo agradável o Amado e também para fazer obras dignas de sua graça e amor. Continua a dizer o verso:

Quando tu me fitavas

3. Isto é, com afeto de amor, pois, já o dissemos, o olhar de Deus é o seu amor.

Teus olhos sua graça me infundiam

4. Pelos olhos do Esposo é simbolizada aqui a sua divindade misericordiosa que, inclinando-se para a alma, imprime e infunde nela misericordiosamente o amor e a graça de Deus. Tanto a embeleza e sublima esse olhar que a faz participante da própria divindade. Eis o motivo de dizer agora a alma, vendo a dignidade e elevação em que Deus a pôs:

E assim me sobreamavas

5. Sobreamar quer dizer aqui amar muito, isto é, mais do que amar simplesmente; é como amar duplamente, por dois títulos ou causas. Neste verso, portanto, manifesta a alma os dois motivos e razões do amor que o Amado lhe tem, pelos quais não só a amava preso em seu cabelo, mas também a sobreamava ferido por seu olho. A causa desse amor tão íntimo do Esposo, diz agora a alma, é que Ele quis agraciá-la com o seu olhar, a fim de comprazer-se nela; ao cabelo da alma, isto é, à sua vontade[15], infundiu seu amor, penetrando com a sua caridade a fé da mesma alma, simbolizada no olho. Por isso, ela diz: E assim me sobreamavas. Quando Deus põe na alma sua graça, torna-a digna e capaz de seu amor; logo, é como se a alma dissesse: pelo motivo de haveres posto em mim tua graça – penhor e arras de teu amor –, por isso mais me amavas, por isso me davas maior graça ainda. É o que afirma São João:

---

15. Cf. Canção XXX, n. 9.

"Recebemos graça sobre graça" (Jo 1,16), ou, por assim dizer, cada vez mais graça, porque sem a graça não é possível merecer outra graça alguma.

6. Para compreender isso, notemos como Deus, do mesmo modo que não ama coisa alguma fora de si, assim também nada ama menos do que a si, porque tudo ama por causa de si mesmo, e o amor tem razão de fim; consequentemente, não ama as coisas pelo que são em si mesmas. Para Deus, portanto, amar a alma é de certa maneira pô-la em si mesmo, igualando-a consigo; ama, então, essa alma, nele e com Ele, com o próprio amor com que se ama; daí vem à alma merecer, em cada uma de suas obras, o amor de Deus, pelo fato de só agir em Deus. Colocada nesta graça e elevação, em cada obra merece o mesmo Deus. Por esta razão, diz logo:

E nisso mereciam

7. Quer dizer: meus olhos ganhavam merecimento, nesse favor e graça que os olhos de tua misericórdia me faziam, quando tu me fitavas, tornando-me agradável a teus olhos, e digna de ser vista por ti.

Meus olhos adorar o que em ti viam

8. Como se dissesse: ó Esposo meu, as potências de minha alma, que são os olhos com que te posso ver, mereceram elevar-se para olhar-te; antes disso, com a miséria de suas baixas operações e capacidade natural, estavam decaídas e mesquinhas. Com efeito, poder contemplar a Deus é para a alma poder agir em sua divina graça; assim, as potências mereciam adorar em Deus, porque adoravam na graça do mesmo Deus, a qual torna meritória toda ação. Adoravam, pois, esses olhos na alma, iluminados e elevados pela graça e favor de Deus, o que nele viam agora, e que antes não podiam ver por causa da própria cegueira e baixeza. Que viam, portanto, agora em Deus? – Grandeza de virtudes, abundância de suavidade, imensa bondade, amor e misericórdia, inumeráveis benefícios, recebidos dele, quer estando agora tão unida a Deus, quer quando estava longe.

Tudo isso já os olhos da alma eram dignos de adorar com merecimento, achando-se agora graciosos e agradáveis ao Esposo. Antes, porém, não haviam merecido adorar nem ver, e nem sequer chegaram a considerar coisa alguma dessas em Deus, pela grande rudeza e cegueira da alma privada da graça divina.

9. Muito há que notar aqui, e muito que lastimar, ao vermos quão longe está uma alma, não ilustrada pelo amor de Deus, de fazer aquilo que é de sua obrigação; pois, obrigada a conhecer estas e outras inumeráveis mercês, temporais e espirituais, que recebeu de Deus, e continua a receber a cada passo, deveria em razão disso servi-lo e adorá-lo incessantemente com todas as suas potências, e, contudo, não o faz. E não só deixa de fazê-lo, mas também nem sequer merece conhecer ou contemplar a Deus ou se aperceber de tal coisa. Até este ponto chega a miséria das almas que vivem, ou, dizendo melhor, estão mortas no pecado.

Anotação para a canção seguinte

1. Para melhor compreensão do que ficou dito e do que se dirá agora, importa saber que o olhar do Deus produz na alma quatro bens, os quais consistem em purificá-la, favorecê-la, enriquecê-la e iluminá-la. É assim como o sol que, dardejando na terra os seus raios, seca, aquece, embeleza e faz resplandecer os objetos. Depois que Deus concede à alma os três últimos bens, torna-se ela muito agradável a seus divinos olhos, e, então, nunca mais se lembra Ele do pecado e fealdade que se achavam antes na mesma alma, conforme o declara pelo Profeta Ezequiel (Ez 18,22). Uma vez que dela tirou o pecado e a deformidade, não mais lho lança em rosto, nem por isso lhe deixa de fazer maiores mercês, porque o Senhor não julga duas vezes a mesma coisa (Na 1,9). Embora Deus esqueça a maldade e o pecado, depois de haver concedido uma vez seu perdão, todavia, não convém à alma olvidar, por este motivo, seus antigos pecados, atendendo ao que diz o Sábio: "Do pecado perdoado não queiras estar sem medo" (Eclo 5,5). Assim convém fazer por três razões: primeira, para ter sempre ocasião de não

presumir de si; segunda, para ter matéria de contínuo agradecimento; terceira, para que lhe ajude a mais confiar para maiores graças receber. De fato, se, estando em pecado, recebeu de Deus tanto bem quanto maiores mercês, poderá esperar agora que está fora de pecado e firmada no amor de Deus?

2. Repassando na memória todas estas misericórdias recebidas, e vendo-se colocada junto do Esposo com tanta dignidade, sente a alma imenso gozo, com deleite de agradecimento e amor. Para isso concorre muito a lembrança daquele primeiro estado em que a alma se achava antes, tão baixo e feio, no qual não somente era indigna e incapaz de que Deus a olhasse, mas também nem ainda merecia que Ele tomasse o seu nome na boca, segundo a palavra do mesmo Senhor pelo Profeta Davi (Sl 15,4). Consequentemente, vendo como de sua parte não há nem poderia haver razão alguma para que Deus assim pusesse nela os olhos e a engrandecesse, e que, portanto, a única razão para isso é a pura graça e bel-prazer divinos, a alma atribui a si sua miséria, e ao Amado todos os bens que possui. E, ao verificar agora como, por esses bens recebidos, merece o que dantes não merecia, toma ânimo e ousadia para pedir ao Amado a continuação da divina união espiritual, na qual continue também a multiplicar as mercês, e assim o dá a entender a alma na seguinte canção:

Canção XXXIII

> Não queiras desprezar-me,
> Porque, se cor trigueira em mim achaste,
> Já podes ver-me agora,
> Pois, desde que me olhaste,
> A graça e a formosura em mim deixaste.

Explicação

3. Anima-se a Esposa, e se preza agora em si mesma, nas prendas que do Amado recebe, e no valor que nele tem, pois, embora saiba que em si mesma nada vale, nem merece estima alguma; contudo, merece ser estimada nesses dons, por serem

eles do Amado. Atreve-se, então, a chegar-se a Ele, dizendo-lhe que não a queira ter em pouca conta nem a despreze, porque, se antes o merecia pela fealdade de suas culpas, e pela baixa condição de sua natureza, agora, depois que Ele a olhou pela primeira vez, ornando-a com a sua graça, e vestindo-a de sua formosura, pode perfeitamente tornar a fitá-la não só uma segunda vez, mas outras muitas; assim aumentará mais a graça e formosura já infundidas. E a razão e causa suficiente para tornar a olhá-la é aquele primeiro olhar com que a fitou quando ela ainda não o merecia nem tinha direitos para isso.

Não queiras desprezar-me[16]

4. Não diz estas palavras por querer ser tida em alguma conta; ao contrário, os desprezos e vitupérios são de grande estima e gozo para a alma que verdadeiramente ama a Deus; aliás, vê muito bem que não merece, por si mesma, outra coisa; fala assim unicamente por causa da graça e dos dons recebidos de Deus, conforme vai declarando nas palavras seguintes:

Porque, se cor trigueira em mim achaste

5. Isto é, se, antes de me haveres olhado com a tua graça, achaste em mim fealdade e escuridão de culpas e imperfeições, com a vileza de minha condição natural.

Já podes ver-me agora
Pois desde que me olhaste

6. Depois que me olhaste dando-me pela primeira vez a tua graça, e tirando-me essa cor trigueira e desditosa da culpa, com a qual não estava em condições de ser vista, já bem podes olhar-me. Agora já posso e bem mereço que me vejas, para receber de teus olhos maior graça. Na verdade, não somente me tiraste a cor escura, quando me fitaste pela primeira vez, mas me fizeste digna de ser vista, porque mediante este olhar de amor,

---

16. A 1ª redação do *Cântico* explica este verso somente com estas palavras: "Como se dissesse: sendo assim o que ficou dito, não queiras agora ter-me em pouco".

A graça e a formosura em mim deixaste!

7. As expressões da alma nos dois versos antecedentes dão a entender o que diz São João no Evangelho, isto é, Deus dá graça sobre graça (Jo 1,16). De fato, quando Deus vê a alma ornada de graça a seus olhos muito se inclina a conceder-lhe ainda maior graça, em razão de permanecer dentro dela com agrado. Conhecendo Moisés esta verdade, pedia a Deus maior graça, como a querer obrigá-lo a isso, pela graça já concedida, e assim dizia: "Tu me disseste: Conheço-te pelo teu nome e achaste graça diante de mim. Se eu, pois, achei graça na tua presença, mostra-me a tua face para que eu te conheça e ache graça ante os teus olhos" (Ex 33,12-13). Com a primeira graça recebida, está a alma, diante de Deus, engrandecida, honrada e cheia de formosura, conforme dissemos, e em razão disso é inefavelmente amada por Ele. Se, antes de estar a alma em graça já a amava Deus por si mesmo, agora que ela se acha revestida de graça, Deus a ama não só por si, mas também por causa dela. Enamorado pela formosura da alma nas obras e frutos por ela produzidos, ou mesmo sem isto, comunica-lhe sempre mais amor e mais graças; vai progressivamente a elevando e a enaltecendo, e assim, na mesma proporção, vai ficando mais cativo e enamorado dela. Desse modo fala o Senhor, por Isaías, a seu amigo Jacó, dando a entender esta realidade: "Depois que tu te tornaste precioso e glorioso a meus olhos, eu te amei" (Is 43,4). É como se dissesse: depois que com meus olhos te fitei, concedendo-te graça, e com isto te tornaste glorioso e digno de honra em minha presença, mereceste que eu te fizesse maiores mercês de minha graça; porque para Deus mais amar é mais favorecer. O mesmo dá a entender a Esposa nos Cantares divinos, quando diz às outras almas: "Eu sou trigueira, mas formosa, filhas de Jerusalém; eis por que o Rei me amou e me introduziu no interior de seu leito"[17]. O que significa: al-

---

17. Estas palavras se acham no Ofício da Bem-aventurada Virgem Maria, 3ª antífona de Vésperas e Laudes. Só a primeira parte é textual no Cântico dos Cânticos (1,4); a segunda é compilação de textos diversos.

mas, que não sabeis nem conheceis estas graças, não vos cause admiração que o Rei celestial mas tenha concedido tão grandes, a ponto de me introduzir no íntimo de seu amor; porque, embora por mim mesma eu seja trigueira, com tanta intensidade pôs os olhos em mim o Esposo, depois de me ter olhado pela primeira vez, que não se contentou até desposar-me consigo, levando-me para dentro do leito de seu amor.

8. Quem poderá dizer até onde engrandece Deus uma alma quando se digna agradar-se dela? Não há quem o possa sequer imaginar; porque, enfim, é como Deus que o faz, para mostrar quem é. Só se pode explicar um pouco manifestando a condição própria de Deus, que é a de conceder mais a quem tem mais e multiplicar seus dons na proporção em que a alma já os possui, segundo nos dá a entender o evangelho nestas palavras: "Ao que tem lhe será dado ainda mais até chegar à abundância, mas, ao que não tem, até o que tem lhe será tirado" (Mt 13,12). Assim, o talento que possuía o servo sem estar na graça do seu senhor foi-lhe tirado e dado ao que tinha mais talentos do que todos juntos, estando este no agrado do seu senhor. Daqui se conclui que os melhores bens da casa de Deus, isto é, de sua Igreja, seja a militante ou a triunfante, são acumulados naquele servo que é dele mais amado, e assim o ordena o Senhor a fim de mais o honrar e glorificar, tornando-o como uma grande luz que absorve em si muitas luzes menores. Na confirmação desta verdade, tornamos às palavras já citadas de Isaías, ditas por Deus a Jacó, e aqui tomadas em sentido espiritual: "Eu sou o Senhor teu Deus, o Santo de Israel, teu Salvador; eu te dei por resgate o Egito, a Etiópia e Sabá... e entregarei homens por ti e povos pela tua vida" (Is 43,3).

9. Bem podes agora, Deus meu, olhar e prezar muito a alma sobre a qual pões teus olhos, pois, com tua vista, lhes concedes valor e prendas que te cativam e agradam. Merece, portanto, que a olhes, não somente uma, mas muitas vezes, depois que a viste. Na verdade, como se diz no Livro de Ester, pela inspiração do Espírito Santo, "é digno de tal honra aquele a quem o Rei quiser honrar" (Est 6,11).

Anotação para a canção seguinte

1. Os amorosos regalos feitos pelo Esposo à alma neste estado são inestimáveis; os louvores e requebros de amor divino que se trocam frequentemente entre os dois são indizíveis. Ela se emprega em louvar e agradecer a Ele; Ele, em engrandecer, louvar e agradecer a ela. Isto se vê nos Cantares, onde, falando o Esposo à Esposa, diz: "Como és formosa, amiga minha, como és bela! Teus olhos são como os de pombas". Ao que ela responde: "Como és formoso, Amado meu, como és gentil!" (Ct 1,14-15). E outras muitas graças e louvores se dão mutuamente a cada passo, conforme lemos no mesmo Livro dos Cantares. Na canção passada, a alma acaba de desprezar-se, chamando-se trigueira e feia, e ao mesmo tempo louva o Amado, proclamando-o formoso e cheio de graça, pois com seu olhar a revestiu de graça e formosura. Ele, como tem por costume exaltar a quem se humilha, pôs os olhos, por sua vez, na alma, conforme ela o pediu; e agora, na canção seguinte, ocupa-se em louvá-la. Dá-lhe o nome, não de trigueira, conforme a alma se chamou, mas de branca pombinha, exaltando as boas qualidades que possui como pomba e rola. Desse modo se exprime:

Canção XXXIV

> Eis que a branca pombinha
> Para a arca, com seu ramo, regressou;
> E, feliz, a rolinha
> O par tão desejado
> Já nas ribeiras verdes encontrou.

Explicação

2. É o Esposo quem fala nesta canção. Canta a pureza que a alma já possui neste estado, e as riquezas e prêmio alcançados com as diligências e trabalho que teve para chegar a Ele. Canta igualmente a boa sorte da alma em achar a seu Esposo nesta união; dá a entender como se cumpriram os desejos da Esposa

e o deleite e descanso que possui nele, terminados já os trabalhos desta vida e do tempo passado. E assim diz:

Eis que a branca pombinha

3. Dá à alma o nome de branca pombinha, pela brancura e pureza que recebeu da graça achada em Deus. Chama-a de "pomba", assim como é chamada a Esposa nos Cantares, por causa da simplicidade e mansidão de sua índole, e pela amorosa contemplação de que goza. Com efeito, a pomba não é somente simples, mansa e sem fel, mas também é de olhos claros e amorosos; por isso, querendo manifestar o Esposo esta propriedade de contemplação amorosa que possui a Esposa para olhar a Deus, disse igualmente nos Cânticos que seus olhos eram de pomba (Ct 4,1).

Para a arca, com seu ramo, regressou

4. O Esposo compara a alma aqui à pomba da arca de Noé (Gn 8,9), tomando aquelas idas e vindas por figura do que sucedeu à mesma alma. A pombinha da arca saía e voltava por não achar onde pousar o pé, naquelas águas do dilúvio, até que enfim voltou com um raminho de oliveira no bico, como sinal da misericórdia de Deus em fazer cessar as águas que submergiam a terra; de modo semelhante, esta alma saída da arca da onipotência de Deus, no momento em que foi criada, andou sobre as águas de um dilúvio de pecados e imperfeições, sem achar onde descansar seus desejos; esvoaçava de uma a outra parte, nos ares das ânsias de amor, entrando e saindo nessa arca do peito de seu Criador, sem que Ele a recolhesse totalmente em si. Afinal, Deus fez cessar todas essas águas de imperfeições na terra da alma, e ela pôde voltar definitivamente com o ramo de oliveira, isto é, com a vitória alcançada sobre todas as coisas mediante a clemência e misericórdia de Deus; agora foi introduzida neste ditoso e perfeito recolhimento dentro do peito de seu Amado, achando-se não somente vitoriosa de todos os seus contrários, mas também possuidora do prêmio devido aos seus merecimentos, pois ambas as coisas são simbolizadas no ramo

de oliveira. Eis que a pombinha da alma volta, enfim, à arca de seu Deus não apenas tão branca e pura como saiu quando foi por Ele criada, porém ainda mais acrescida com o ramo do prêmio e paz que alcançou pela vitória sobre si mesma.

E, feliz, a rolinha
O par tão desejado
Já nas ribeiras verdes encontrou

5. O Esposo chama também a alma nesta canção pelo nome de rolinha. De fato, nesta busca do Esposo, procedeu ela como a rola quando deseja seu companheiro, sem o achar[18]. Para compreensão disso, precisamos saber o que se diz sobre a rola: quando não acha o seu par, não pousa em ramo verde nem bebe água fresca e límpida; não descansa sob qualquer sombra, e muito menos se junta a outra companhia; mas, ao achar aquele com quem se une, goza de todas essas coisas. As mesmas propriedades tem aqui a alma; é, aliás, necessário que as tenha a fim de chegar à união e junção com o Esposo, Filho de Deus. Na verdade, com tanto amor e solicitude convém andar que não descanse o pé, isto é, o apetite, em ramo verde de deleite algum; nem queira beber água límpida de honra e glória do mundo, ou fresca, por algum alívio ou consolo temporal; não deseje colocar-se sob a sombra de algum favor ou amparo de criaturas; enfim, não procure repouso algum em coisa nenhuma, nem busque companhia em outras afeições; mas permaneça gemendo, como a rola, na solidão de tudo, até achar seu Esposo em perfeita satisfação.

6. Como esta alma, antes de chegar a tão sublime estado, andou buscando o Amado com grande amor, sem achar contentamento em coisa alguma fora dele, é o mesmo Esposo quem canta agora, neste verso, o fim de suas fadigas e a realização de seus desejos. Declara Ele que, "feliz, a rolinha, o par tão desejado, entre as ribeiras verdes encontrou". Ou, por outras palavras: já a alma Esposa descansa em ramo verde, deleitando-se em seu

---

18. A 1ª redação do *Cântico* diz assim: "O Esposo chama também a alma de pomba porque, neste caso, procedeu como a pomba quando achou seu companheiro".

Amado; bebe agora a água límpida e fresca, que é a altíssima contemplação e sabedoria de Deus, juntamente com o refrigério e regalo que nele goza. Põe-se também à sombra do Esposo, cujo amparo e favor tão ardentemente havia desejado; aí é consolada, apascentada e nutrida divinamente, em refeição saborosíssima, conforme o diz a esposa, cheia de alegria, nos Cantares: "Sentei-me à sombra daquele a quem tanto tinha desejado; e o seu fruto é doce à minha garganta" (Ct 2,3).

Anotação para a canção seguinte

1. Vai prosseguindo o Esposo, e manifesta agora o seu contentamento à vista do proveito conseguido pela Esposa mediante a solidão em que antes quis viver, e que consiste em estabilidade de paz e fruição de bem imutável. Com efeito, quando a alma consegue fixar-se na quietude do único e solitário amor do Esposo – como o fez esta de que tratamos –, é tão saborosa a permanência de amor que tem em Deus, e Deus nela, que já não sente necessidade de outros meios, ou de outros mestres, para encaminhá-la a Ele; só Deus lhe é agora guia e luz. Realiza-se, então, na alma o que o Senhor prometeu por Oseias, dizendo: "Eu a conduzirei à soledade e falar-lhe-ei ao coração" (Os 2,14). Estas palavras dão a entender como é na solidão que Deus se comunica e une à alma, pois falar ao coração é satisfazer este coração que jamais pode ficar satisfeito senão com Deus[19]. Assim, diz o Esposo:

Canção XXXV

> Em solidão vivia,
> Em solidão seu ninho há já construído;
> E em solidão a guia,
> A sós, o seu Querido,
> Também na solidão, de amor ferido.

---

19. Na 1ª redação do *Cântico* este trecho, que comenta as palavras do Profeta Oseias, acha-se no fim da canção.

Explicação

2. Duas coisas faz o Esposo nesta canção. A primeira é louvar a solidão em que a alma desde muito tempo quis viver; declara ter sido este o meio para ela achar o Amado e dele fruir, libertada de todas as penas e angústias anteriores. E como a alma quis manter-se em solidão de todo gosto, consolo e apoio das criaturas, a fim de alcançar a companhia e união de seu Amado, mereceu com isto possuir a paz da soledade em seu Esposo, em que descansa agora, alheia e afastada de todas as perturbações. A segunda coisa é dizer que, em consequência da solidão abraçada pela Esposa, e na qual ela quis permanecer a sós, isolada de qualquer criatura, por amor do Esposo, Ele próprio se enamorou da alma nesta sua solidão, e se dedicou todo a ela, recebendo-a nos braços, apascentando-a em si com todos os bens e guiando-lhe o espírito às maravilhas sublimes de Deus. Não diz somente que agora Ele é o seu guia, mas também acrescenta que a conduz sozinho, sem mais intermédio de anjos ou homens, nem de formas ou figuras, porquanto nesta solidão a alma já possui a verdadeira liberdade de espírito, pela qual não mais se atém a qualquer desses meios. Diz, então, o verso:

Em solidão vivia

3. Aquela rolinha, que é a alma, vivia em solidão antes mesmo de achar o Amado na união perfeita. Tanto é certo que a alma desejosa de Deus não pode achar consolo na companhia de criatura alguma, e, ao contrário, tudo lhe dá e causa maior solidão, enquanto não encontra seu Amado!

Em solidão seu ninho há já construído

4. A solidão em que antes vivia era a privação voluntária de todos os objetos e bens do mundo, por amor de seu Esposo, conforme dissemos ao falar da rolinha. Procurava a alma tornar-se perfeita, adquirindo a perfeita solidão mediante a qual se alcança a união com o Verbo, e, consequentemente, se goza de todo o refrigério e descanso. Este descanso e repouso é simbolizado aqui pelo ninho que a alma diz ter construído.

E assim é como se dissesse: nesta solidão em que antes vivia, exercitando-se nela com trabalho e angústia – por não estar ainda perfeita –, a alma pôs todo o seu descanso e refrigério, porque agora já a adquiriu perfeitamente em Deus. Referindo-se a isto, de modo espiritual, disse Davi: "Na verdade o pássaro achou sua casa, e a rola, o ninho onde criar seus filhotes" (Sl 83,4). Isto é, achou descanso em Deus, onde pode satisfazer suas potências e apetites.

E em solidão a guia

5. Quer dizer: nesta solidão em que a alma permanece a respeito de todas as criaturas e na qual está só com Deus, Ele a guia e move, levantando-a às coisas divinas. O entendimento é ilustrado com divinos conhecimentos, por estar agora solitário e desprendido de outros conhecimentos contrários e estranhos; a vontade é movida com grande liberdade ao amor de Deus, por achar-se sozinha e livre de outras afeições; a memória é cheia de divinas lembranças, igualmente por estar solitária e vazia de quaisquer imaginações e fantasias. De fato, logo que a alma desembaraça as suas potências, esvaziando-as de tudo quanto é inferior, e de toda a posse do que é superior, e as deixa em completa solidão, Deus as ocupa imediatamente no invisível e divino. É o próprio Deus que guia a alma nesta soledade, conforme São Paulo diz dos perfeitos, os quais são movidos pelo Espírito de Deus (Rm 8,14), significando estas palavras o mesmo que: "Em solidão a guia"

A sós o seu Querido

6. Isto significa que o Esposo não somente guia a alma na solidão onde ela se pôs, mas também opera sozinho na mesma alma, sem outro meio algum. De fato, a peculiaridade desta união da alma com Deus no matrimônio espiritual é esta de Ele agir e comunicar-se por si mesmo, e não mais por meio de anjos, ou da capacidade natural da alma, porque os sentidos, interiores e exteriores, bem como todas as criaturas, e até a própria alma, quase nada valem aqui para contribuir de sua

parte à recepção das grandes mercês sobrenaturais concedidas por Deus neste estado. Tais graças divinas, com efeito, não dependem da capacidade e ação natural da alma, nem de suas diligências; é Deus só que age nela. E a causa de assim agir é por encontrar a alma a sós, como dissemos; por isso, não lhe quer dar outra companhia para progredir, nem a confia a alguém, a não ser a Ele mesmo. É também muito conveniente que a alma, tendo abandonado tudo e ultrapassado todos os meios, elevando-se sobre todas as coisas para chegar-se a Deus, seja-lhe agora o próprio Deus guia e meio que a conduza a si mesmo. Uma vez que a alma já subiu, em solidão de tudo, acima de tudo, já coisa alguma entre todas pode servir ou dar-lhe proveito para mais subir, a não ser o mesmo Verbo, seu Esposo. Este, por achar-se tão enamorado dela, quer, então a sós, conceder-lhe aquelas mercês sobrenaturais já referidas, e assim acrescenta:

Também na solidão, de amor ferido!

7. Isto é, pela Esposa; porque, além de amar extremamente a solidão da alma, está o Esposo muito mais ferido de amor pela mesma alma, por ter ela querido permanecer solitária de todas as coisas, estando ferida de amor por Ele. Assim, o Esposo não a quis deixar sozinha, mas ferido também de amor pela alma, em razão da soledade em que ela se mantém por Ele, vendo como a Esposa não se contenta em coisa alguma, vem Ele próprio guiá-la a sós, atraindo-a e tomando-a para si – o que não fizera se não a houvesse achado em solidão espiritual.

Anotação para a canção seguinte

1. Esta peculiaridade singular têm os que se amam: gostam muito mais de gozar mutuamente sozinhos, longe de toda criatura, do que em companhia de alguém. E, embora estejam juntos, se alguma pessoa estranha se acha ali presente, mesmo que não tenham de falar ou tratar com menor intimidade diante dela do que o fariam a sós, nem a mesma pessoa trate ou fale com eles, basta estar ali para impedir que gozem um do outro à sua

vontade. A razão disso é que o amor, consistindo em unidade só de dois, faz com que eles queiram comunicar-se um ao outro a sós. Chegada, pois, a alma a este cume de perfeição e liberdade de espírito em Deus, já vencidas todas as repugnâncias e contrariedades da sensibilidade, não tem agora outra coisa mais a considerar, nem outro exercício em que se ocupar, senão entregar-se com o Esposo a deleites e gozos de íntimo amor. Quanto se escreve a respeito de Tobias no seu livro (14,4), no qual se diz que depois de haver este santo homem sofrido os trabalhos das tentações e pobreza, Deus o iluminou, e o resto dos dias que viveu foram cheios de gozo, acontece igualmente a esta alma de que vamos falando, pois os bens que vê em si mesma são tão cheios de gozo e deleite como o dá a entender o Profeta Isaías da alma que, depois de se ter exercitado nas obras mais perfeitas, chegou a este cume de perfeição do qual aqui falamos.

2. Dirigindo-se à alma chegada ao amor perfeito, diz assim o mesmo profeta: "Nascerá nas trevas a tua luz, e as tuas trevas tornar-se-ão como o meio-dia. E o Senhor te dará sempre descanso e encherá a tua alma de resplendores, e livrará teus ossos, e serás como um jardim bem regado, e como uma fonte cujas águas nunca faltarão. E serão por ti edificados os desertos de muitos séculos; tu levantarás os fundamentos das gerações antigas, e serás chamado reparador dos muros, e o que torna seguros os caminhos. Se afastares o teu pé do sábado, para não fazeres a tua vontade no meu santo dia, e chamares ao sábado as tuas delícias, e o dia santo e glorioso do Senhor, e o solenizares, não seguindo os teus caminhos, não fazendo a tua vontade... então te deleitarás no Senhor, e eu te elevarei acima da altura da terra, e alimentar-te-ei com a herança de Jacó" (Is 58,10-14). Até aqui são as palavras de Isaías, e nelas a herança de Jacó significa o próprio Deus. Consequentemente, a alma já não sabe senão viver gozando dos deleites deste alimento divino. Só uma coisa lhe resta ainda a desejar: é gozá-lo perfeitamente na vida eterna. Em razão disso, nesta canção de agora, e nas outras seguintes, ocupa-se a alma em pedir ao Amado este beatífico manjar da visão clara de Deus. E assim diz:

Canção XXXVI

> Gozemo-nos, Amado!
> Vamo-nos ver em tua formosura,
> No monte e na colina,
> Onde brota a água pura;
> Entremos mais adentro na espessura.

Explicação

3. Está consumada, enfim, a perfeita união de amor entre a alma e Deus, e o que ela deseja agora é empregar-se no exercício das propriedades características do amor. Fala, pois, nesta canção, com o Esposo, pedindo-lhe três coisas que são próprias do amor. A primeira é querer receber, deste amor, gosto e deleite, e isto pede quando diz: "Gozemo-nos, Amado!" A segunda é desejar assemelhar-se ao Amado, e o pede nas seguintes palavras: "Vamo-nos ver em tua formosura". A terceira é esquadrinhar e conhecer os mistérios e segredos do próprio Amado, e faz este pedido ao dizer: "Entremos mais adentro na espessura". Segue-se o verso:

Gozemo-nos, Amado

4. Isto é, gozemo-nos na comunicação das doçuras do amor; não somente na que já temos pela contínua união e junção de nós dois, mas naquela que redunda em exercício de amor efetivo e atual, tanto nos atos interiores da vontade em seus afetos como nas obras exteriores pertinentes ao serviço do Amado. Esta particularidade apresenta o amor: onde quer que permaneça, sempre anda querendo gozar de seus deleites e doçuras, ou seja, exercitar-se em amar, no interior e no exterior, conforme dissemos. E a alma assim o faz, levada pelo desejo de tornar-se mais semelhante ao Amado; por esta razão, apressa-se em dizer:

Vamo-nos ver em tua formosura

5. Isto significa: procedamos de maneira a que, por meio do referido exercício de amor, cheguemos a contemplar um ao ou-

tro, em tua formosura, na vida eterna. Peço-te, pois, que seja eu a tal ponto transformada em tua formosura que, assemelhando-me a ela, possa ver-me contigo em tua própria formosura, tendo em mim mesma esta formosura que é tua. E, assim, olhando um para o outro, cada um veja no outro sua formosura, pois ambos têm a mesma formosura tua, estando eu já absorvida em tua formosura. Desse modo, eu te verei, a ti, em tua formosura, e tu me hás de ver a mim em tua formosura; eu me verei em ti na tua formosura, e tu te verás em mim na tua formosura; aparecerá em mim somente a tua formosura, e tu aparecerás também em tua própria formosura; então, minha formosura será a tua, e a tua, minha. Eu chegarei a ser tu mesmo, em tua formosura, e tu chegarás a ser eu, em tua mesma formosura, porque só a tua formosura será a minha, e assim nos veremos um ao outro em tua formosura. Esta é a adoção dos filhos de Deus, na qual podem eles verdadeiramente dizer a Deus o que o próprio Filho disse ao Eterno Pai, no Evangelho de São João: "Todas as minhas coisas são tuas, e todas as tuas coisas são minhas" (Jo 17,10). Isto se realiza, por essência, no Verbo, por ser Filho de Deus em sua natureza; e, em nós, por participação, por sermos filhos adotivos. Cristo não disse essas palavras só por si, como cabeça, mas por todo o corpo místico, que é a Igreja. Esta participará da mesma formosura do Esposo no dia do triunfo, quando contemplar a Deus face a face; e, por esta razão, pede aqui a alma ao Esposo para se verem um ao outro na formosura dele

No monte e na colina

6. Isto é, nesse conhecimento matutino e essencial de Deus, que se manifesta no conhecimento do Verbo divino, o qual, por sua elevação, é aqui simbolizado pelo monte. Isaías, estimulando a todos para que conheçam o Filho de Deus, chama-o assim, quando diz: "Vinde, subamos ao monte do Senhor!" (Is 2,3). E ainda: "Estará preparado o monte da casa do Senhor" (Is 2,2). E na colina, a saber, na notícia vespertina de Deus, que é a sua sabedoria manifestada em suas criaturas, obras e disposições admiráveis. Este conhecimento vespertino

é significado pela colina, por tratar-se da sabedoria de Deus manifestada de modo menos elevado do que no conhecimento matutino; porém, tanto um como outro, a alma pede nestas palavras, no monte e na colina.

7. Quando, pois, a Esposa diz ao Esposo: "Vamo-nos ver em tua formosura, no monte", é como se dissesse: transforma-me e torna-me semelhante a ti na formosura da sabedoria divina, que, como explicamos, é o mesmo Verbo, Filho de Deus. Quando pede, depois, que se vejam na formosura dele, na colina, manifesta o desejo de ser também informada com a formosura desta outra sabedoria menor que se mostra nas criaturas e nos mistérios de Deus em suas obras, a qual é igualmente a formosura do Filho de Deus, em que a alma deseja ser ilustrada.

8. Não poderá ela ver-se na formosura de Deus se não for transformada na sabedoria de Deus, que então lhe dará a posse de tudo quanto há no céu e na terra. A este monte, e a esta colina, desejava subir a Esposa quando disse: "Irei ao monte da mirra e à colina do incenso" (Ct 4,6). Pelo monte da mirra, compreende a clara visão de Deus, e pela colina do incenso, o conhecimento dele nas criaturas; porque a mirra no monte é mais preciosa do que o incenso na colina.

Onde brota a água pura

9. Quer dizer: onde é concedido o conhecimento e a sabedoria de Deus, a qual é aqui comparada à água pura, pois o entendimento a recebe pura e despojada de tudo o que é acidental ou imaginário, e também clara, isto é, sem as trevas da ignorância. Este desejo de entender claramente e em perfeita pureza as verdades divinas, sempre o tem a alma; e, quanto mais ama, tanto mais anseia penetrar dentro delas. Por isso, pede a terceira coisa, dizendo:

Entremos mais adentro na espessura

10. Na espessura das maravilhosas obras de Deus e seus profundos juízos, cuja multiplicidade e diversidade é tão grande que verdadeiramente se pode chamar "espessura". De fato,

nessas obras e juízos, há tanta abundância de sabedoria e tanta plenitude de mistérios que não somente merece o nome de espessura, mas ainda espessura exuberante, segundo aquelas palavras de Davi: "O monte de Deus é monte pingue, monte coagulado" (Sl 67,16). Esta espessura de sabedoria e ciência de Deus é de tal modo profunda e incomensurável que a alma, por mais que a conheça, sempre pode entrar mais adentro, porquanto é imensa, e incompreensíveis as suas riquezas, segundo atesta São Paulo, ao exclamar: "Ó profundidade das riquezas da Sabedoria e ciência de Deus! Quão incompreensíveis são os seus juízos, e imperscrutáveis os seus caminhos!" (Rm 11,33).

11. O motivo, porém, de querer a alma entrar nesta espessura e incompreensibilidade dos juízos e caminhos de Deus é estar morrendo em desejo de penetrar muito profundamente no conhecimento deles, pois este conhecimento tão profundo traz consigo deleite inestimável que ultrapassa todo o sentido. Donde, falando Davi a respeito do sabor desses juízos divinos, diz assim: "Os juízos do Senhor são verdadeiros, cheios de justiça em si mesmos. São mais para desejar do que o muito ouro e as muitas pedras preciosas; e são mais doces do que o mel e o favo. Pelo que o teu servo os amou e os guardou" (Sl 18,10-11). A alma, portanto, muito ardentemente deseja engolfar-se nesses juízos de Deus e conhecê-los em toda a sua profundidade; e a troco de o conseguir, com grande alegria e gosto, estaria disposta a abraçar todas as angústias e sofrimentos do mundo, e a passar por tudo quanto pudesse servir de meio para isso, ainda mesmo pelas coisas mais difíceis e penosas, e até pelas agonias e transes da morte, a fim de embrenhar-se mais em seu Deus.

12. Entende-se também muito adequadamente por esta espessura, em que a alma agora deseja entrar, a profusão e intensidade dos trabalhos e tribulações que está disposta a abraçar, porquanto lhe é saborosíssimo e proveitosíssimo o padecer. Na verdade, o padecer é para a alma o meio para entrar mais adentro na espessura da deleitosa sabedoria de Deus, porque o mais puro padecer traz mais íntimo e puro entender, e, consequentemente, mais puro e subido gozar, pelo fato de ser conhe-

cimento em maior profundidade. Por isso, não se contentando a alma com qualquer maneira de padecer, diz: "Entremos mais adentro na espessura", isto é, entremos até nos apertos da morte, a fim de ver a Deus. O Profeta Jó, desejando este padecer como meio para chegar à visão de Deus, exclamava: "Quem me dera que se cumprisse a minha petição, e que Deus me concedesse o que espero! E que o que começou, esse mesmo me fizesse em pó, e me cortasse a vida! E a minha consolação seria que, afligindo-me com dor, não me perdoasse" (Jó 6,8).

13. Oh! Se acabássemos já de entender como não é possível chegar à espessura e sabedoria das riquezas de Deus, tão numerosas e variadas, a não ser entrando na espessura do padecer de muitas maneiras, pondo nisso a alma sua consolação e desejo! E como a alma[20], verdadeiramente desejosa da sabedoria divina, deseja primeiro – para nela entrar – padecer na espessura da cruz! Era esta a razão que movia São Paulo a exortar os efésios a que não desfalecessem nas suas tribulações, e permanecessem firmes e arraigados na caridade, para que pudessem compreender, com todos os santos, a largura, o comprimento, a altura e a profundidade, e conhecer também a supereminente ciência da caridade de Cristo, a fim de serem cheios de toda a plenitude de Deus (Ef 3,18). Com efeito, para entrar nestas riquezas da Sabedoria divina, a porta – que é estreita – é a cruz. O desejo de passar por esta porta é de poucos, mas, o de gozar dos deleites a que se chega por ela, é de muitos.

Anotação para a canção seguinte

1. Uma das razões mais importantes para a alma desejar ser desatada e achar-se com Cristo é que irá vê-lo face a face

---

20. A 1ª redação do *Cântico* assim conclui este parágrafo: "E como a alma verdadeiramente desejosa da sabedoria deseja primeiro deveras entrar mais adentro na espessura da cruz, que é o caminho da vida pelo qual poucos entram! Com efeito, desejar entrar na espessura da sabedoria, riquezas e regalos de Deus, é de todos; mas, desejar entrar na espessura de trabalhos e dores pelo Filho de Deus, é de poucos. Do mesmo modo, muitos queriam achar-se já no termo, sem passar pelo caminho e meio que a Ele conduz".

no céu, e entenderá então ali, em sua raiz, as profundas vias e mistérios eternos da encarnação do Verbo, e este conhecimento não será a menor parte de sua bem-aventurança, pois, como diz o mesmo Cristo ao Pai, no Evangelho de São João: "Esta é a vida eterna, que te conheçam a ti único Deus verdadeiro, e a teu Filho Jesus Cristo, que enviaste" (Jo 17,3). Assim como uma pessoa que chega de longe logo procura avistar-se e ter comunicação com alguém a quem tem grande amizade, do mesmo modo a alma, a primeira coisa que deseja fazer, em chegando à presença de Deus, é conhecer e gozar os profundos segredos e mistérios da encarnação, bem como os caminhos eternos de Deus que dela dependem. Por isso, depois de ter declarado o seu desejo de ver-se na formosura de Deus, a alma acrescenta logo esta canção:

Canção XXXVII

E, logo, as mais subidas
Cavernas que há na pedra, buscaremos;
Estão bem escondidas;
E juntos entraremos,
E das romãs o mosto sorveremos.

Explicação

2. Uma das causas que mais movem a alma ao desejo de entrar na espessura da sabedoria de Deus, e de conhecer profundamente a formosura desta divina sabedoria, é, como dissemos, chegar a unir seu entendimento com Deus, por meio do conhecimento dos mistérios da encarnação, cuja sabedoria é a mais elevada e deliciosa que há em todas as suas obras. Diz, portanto, a Esposa nesta canção o seguinte: depois de ter entrado mais adentro na sabedoria divina, isto é, mais adentro do matrimônio espiritual em que se acha agora colocada – o que se realizará ao entrar na glória, contemplando a Deus face a face, e unindo-se com essa mesma sabedoria divina que é o

próprio Filho de Deus –, conhecerá então os sublimes mistérios do Verbo feito homem, os quais são cheios de altíssima sabedoria, e escondidos em Deus. O Esposo e a alma entrarão, juntos, nesse conhecimento, engolfando-se e transfundindo-se neles a Esposa; ambos hão de gozar, ela e o Esposo, do sabor e deleite que desses mistérios se deriva, e também das virtudes e atributos divinos, neles manifestados, tais como a justiça, a misericórdia, a sabedoria, o poder, a caridade etc.

E, logo, as mais subidas
Cavernas que há na pedra, buscaremos

3. A pedra de que fala aqui a alma é Cristo, segundo diz São Paulo (1Cor 10,4). As subidas cavernas da pedra são os mistérios sublimes, profundos e transcendentes da sabedoria de Deus que há em Jesus Cristo: a união hipostática da natureza humana com o Verbo Divino; a correspondência que há entre esta união e a dos homens com Deus; as disposições de justiça e misericórdia de Deus a respeito da salvação do gênero humano, que manifestam os seus insondáveis juízos. A tudo isto, com muito acerto a alma denomina "subidas cavernas"; subidas, pela sublimidade desses mistérios tão altos, e, cavernas, pela penetração e profundidade da sabedoria de Deus, neles encerrada. Assim como as cavernas são fundas e cheias de cavidades, também cada um dos mistérios de Cristo é profundíssimo em sabedoria e encerra muitas cavidades de ocultos juízos de Deus, sobre a predestinação e presciência quanto aos filhos dos homens. Em razão disso, a alma acrescenta agora:

Estão bem escondidas

4. A tal ponto na verdade o estão que, não obstante os maiores mistérios e maravilhas desvendadas pelos santos doutores da Igreja, e manifestada na vida presente às almas eleitas, o principal lhes ficou ainda por dizer, e mesmo por entender. Assim, há muito que aprofundar em Cristo, sendo Ele qual abundante mina com muitas cavidades cheias de ricos veios,

e, por mais que se cave, nunca se chega ao termo nem se acaba de esgotar; ao contrário, vai-se achando em cada cavidade novos veios de novas riquezas, aqui e ali, conforme testemunha São Paulo, quando disse do próprio Cristo: "Em Cristo estão escondidos todos os tesouros de sabedoria e ciência" (Cl 2,3). Neles, é impossível entrar ou aprofundar-se a alma, se não passar primeiro pelos apertos do sofrimento interior e exterior, os quais são meios para alcançar a divina sabedoria. Com efeito, mesmo aquilo que nesta vida podemos conhecer dos mistérios de Cristo, não nos é dado alcançar senão depois de muito sofrimento e de grandes mercês intelectuais e sensíveis de Deus, havendo também precedido um longo exercício espiritual, porque todas estas graças são inferiores à sabedoria dos mistérios de Cristo, e como disposições para chegar a ela. Daí vem que, ao pedido de Moisés a Deus para que lhe manifestasse a sua glória, foi-lhe respondido que não poderia vê-la nesta vida. Mas obteve de Deus a promessa de que lhe mostraria todo o bem (Ex 33,20), isto é, quanto fosse possível nesta vida. Introduzindo-o Deus, então, na caverna da pedra – e esta, como dissemos, é Cristo –, mostrou-lhe suas costas, o que significa dar-lhe o conhecimento dos mistérios da humanidade de Cristo.

5. Nestas cavernas, pois, de Cristo, a alma deseja entrar bem adentro, para ser bem absorvida, transformada e inebriada no amor da sabedoria que encerram, querendo, para isto, esconder-se no peito de seu Amado. A penetrar nestas fendas do rochedo, convida-a o próprio Amado, nos Cantares, dizendo: "Levanta-te, amiga minha, formosa minha, e vem: nas aberturas da pedra, na concavidade do muro" (Ct 2,13). Estas aberturas da pedra são as cavernas de que aqui falamos, e, referindo-se a elas, continua a dizer a Esposa:

E juntos entraremos

6. Entraremos naqueles conhecimentos e mistérios divinos. Não diz: entrarei só, como parecia mais conveniente, pois o Esposo não precisa entrar aí de novo. Diz: "juntos entrare-

mos", a saber, ela e o Amado, para mostrar como esta ação não é feita só por ela, mas sim pelo Esposo e ela juntos; aliás, estando Deus e a alma unidos no estado de matrimônio espiritual, de que vamos tratando, não faz a mesma alma obra alguma sozinha sem Deus. E dizer: "e juntos entraremos"[21] significa: ali nos transformaremos, eu em ti pelo amor desses teus divinos e deleitosos juízos. De fato, mediante esse conhecimento da predestinação dos justos e presciência dos maus, em que o Pai previne os eleitos com as bênçãos de sua doçura, em seu Filho Jesus Cristo, a alma é transformada de modo elevadíssimo e profundíssimo no amor de Deus, e nessas luzes, que lhe são infundidas, agradece e ama ao Pai com novo fervor, cheia de gozo e deleite, por seu próprio Filho Jesus Cristo; e o faz unida com Cristo, juntamente com Cristo. O sabor desses louvores é de tal delicadeza que de todo não se pode exprimir. A alma, todavia, o manifesta no verso seguinte, ao dizer:

E das romãs o mosto sorveremos

7. As romãs significam os mistérios de Cristo e os juízos da sabedoria divina, bem como as virtudes e os atributos de Deus que se revelam no conhecimento destes mesmos mistérios e juízos, e são inumeráveis. Assim como as romãs têm numerosos grãozinhos, nascidos e sustentados em seu centro em

---

21. A 1ª redação do *Cântico* assim prossegue este parágrafo: "Ao dizer 'e juntos entraremos' significa 'ali nos transformaremos', em transformação de novos conhecimentos e novos atos e comunicações de amor; pois, embora seja certo que a alma, quando assim fala, já está transformada em virtude do estado de matrimônio e, portanto, não lhe é possível conhecer mais coisas, nem por isso deixa de ter novas ilustrações e transformações que lhe advêm de novos conhecimentos e luzes divinas. Ao contrário, essas iluminações de novos mistérios, concedidas por Deus à alma nessa comunicação permanente que há entre Ele e ela, antes, são muito frequentes. O Esposo se dá à alma de modo sempre novo, e ela como que de novo entra nele, mediante o conhecimento daqueles mistérios que aprende em Deus. Tal conhecimento leva a alma a amar novamente a Deus, de modo muito íntimo e elevado, e a transforma nele por meio desses mistérios novamente conhecidos. O novo deleite e sabor que então recebe é totalmente inefável; dele, fala a alma no verso seguinte".

forma de círculo, também cada um dos atributos e mistérios de Deus, juntamente com seus juízos e virtudes, contém em si grande quantidade de disposições maravilhosas, e de efeitos admiráveis, contidos e sustentados na esfera própria de cada um deles, e com a qual se relacionam. Notamos aqui a figura esférica ou circular das romãs, porque, em nossa comparação, cada uma representa um atributo ou virtude de Deus, que, em suma, é o próprio Deus, figurado aqui nesta forma circular ou esférica, pois não tem princípio nem fim. Por estar ciente a Esposa desses inumeráveis juízos e mistérios contidos na sabedoria de Deus, disse ao Esposo nos Cantares: "O teu ventre é de marfim, guarnecido de safiras" (Ct 5,14). As safiras simbolizam os referidos mistérios e juízos da divina Sabedoria, a qual é significada ali pelo ventre, porque a safira é uma pedra preciosa da cor do céu, quando está claro e sereno.

8. O mosto a que se refere a Esposa, dizendo que destas romãs hão de sorver, ela e o Esposo, é a fruição e o deleite de amor divino que redunda na mesma alma, mediante o conhecimento e a notícia desses mistérios de Deus. Um só e mesmo suco é o que se sorve dos muitos grãos das romãs, quando se comem; assim, de todas estas maravilhas e grandezas de Deus infundidas na alma, redunda uma só fruição e deleite de amor, que o Espírito Santo lhe dá a beber. Este divino mosto, logo a alma oferece a seu Esposo, o Verbo de Deus, com grande ternura de amor, é a bebida divina que a Esposa nos Cantares promete dar ao Esposo, quando for por Ele introduzida nesses altíssimos conhecimentos, dizendo: "Ali me ensinarás e eu te darei a beber vinho temperado, e o mosto das minhas romãs" (Ct 8,2). Declara que estas romãs são suas – isto é, as notícias divinas –, porque, embora sejam de Deus, foram dadas a ela por Ele. O gozo e a fruição dessas notícias, qual vinho de amor, a alma oferece a Deus por bebida, e isto significam as palavras: "E das romãs o mosto sorveremos". Sorve-o o Esposo, e o dá a sorver à sua Esposa; e ela, ao saboreá-lo, torna a oferecê-lo a Ele para que o saboreie. E assim o gosto dessa bebida é comum entre ambos.

Anotação para a canção seguinte

1. Nas duas canções passadas, a Esposa foi cantando os bens que o Esposo lhe dará naquela felicidade eterna da glória. Disse como há de transformá-la, de fato, nele mesmo, na formosura da sua sabedoria incriada e criada; como, ali, será transformada também na formosura da união do Verbo com a santa humanidade, e nessa união conhecerá a Deus, tanto pela face como pelas costas. Agora, na canção seguinte, a alma declara duas coisas: a primeira, é como há de saborear esse mosto divino das romãs – ou safiras –, do qual já falou; a segunda, é pôr diante do Esposo a glória que dará a Ele a predestinação dela. Convém notar como esses bens recebidos pela alma, embora sejam descritos sucessivamente e por partes, todos eles estão contidos na glória essencial da mesma alma. Diz, então, assim:

Canção XXXVIII

> Ali me mostrarias
> Aquilo que minha alma pretendia,
> E logo me darias,
> Ali, tu, vida minha,
> Aquilo que me deste no outro dia.

Explicação[22]

2. O fim que a alma tinha em vista, quando desejava entrar naquelas cavernas, era alcançar a consumação do amor de Deus, como sempre pretendeu. Quer chegar a amar a Deus com a mesma pureza e perfeição com que é amada por Ele, retribuindo-lhe, por sua vez, o mesmo amor. Eis o motivo de dizer ao Esposo nesta canção primeiramente que, na glória, Ele lhe mostrará o que foi toda a sua pretensão, em todos os seus atos e exercícios, isto é, há de mostrar a ela como amará o Es-

---

22. Apresentando a 1ª redação do *Cântico* uma interpretação diferente desta mesma canção, pois São João da Cruz não se referiu à consumação do amor na eternidade, e sim nesta vida, daremos no fim essa explicação primitiva.

poso com a perfeição com que Ele mesmo se ama. E a segunda mercê que Ele lhe fará é dar-lhe a glória essencial, à qual a predestinou desde toda a eternidade. Assim diz:

Ali me mostrarias
Aquilo que minha alma pretendia

3. Esta pretensão da alma é a igualdade de amor com Deus, natural e sobrenaturalmente apetecida por ela, porque o amante não pode estar satisfeito se não sente que ama tanto quanto é amado. E como a alma vê que na sua transformação em Deus, a que chegou nesta vida, embora seja o amor imenso, não pode este igualar na perfeição ao amor com que Deus a ama, deseja a clara transformação da glória, em que chegará à igualdade do amor. É certo que, no alto estado em que se acha, a alma possui a verdadeira união da vontade com o Esposo; todavia, não pode ter os quilates e a força do amor que terá naquela forte união de glória. Então, segundo diz São Paulo, conhecerá a Deus como é dele conhecida (1Cor 13,12), e, consequentemente, também o amará como dele é amada. Seu entendimento será entendimento de Deus; sua vontade, vontade de Deus; e, igualmente, seu amor será amor de Deus. Embora não se perca a vontade da alma, no céu, todavia, está tão fortemente unida à fortaleza da vontade divina com a qual é amada que ama a Deus tão fortemente e com tanta perfeição como Ele próprio a ama. Estão agora as duas vontades unidas numa só e mesma vontade de Deus e também num só amor de Deus; assim, a alma chega a amar a Deus com a vontade e a força do mesmo Deus, estando unida à mesma força de amor com que é amada por Ele. Esta força é a do Espírito Santo, no qual está a alma ali transformada; havendo sido dado a ela este Espírito de Deus para ser a força de seu amor, é Ele que dá e supre, em razão da transformação de glória, o que lhe falta. Aliás, mesmo na transformação perfeita do matrimônio espiritual, que a alma atinge ainda nesta vida, e na qual fica totalmente possuída pela graça, de certo modo ama pelo Espírito Santo na proporção em que Ele lhe é dado nessa transformação.

212

4. Por isso, importa observar como a alma não diz que o Esposo lhe dará ali seu amor, embora na verdade lho dê; se assim dissesse, manifestaria apenas o amor da parte de Deus; diz, porém, que ali Ele lhe mostrará como a mesma alma o ama com a perfeição desejada. Quando o Esposo, na glória, lhe dá o seu amor, ao mesmo tempo faz com que a alma veja que o ama tanto quanto é amada por Ele. E, além de ensiná-la a amar pura e livremente, sem qualquer interesse, tal como Ele próprio nos ama, faz com que ela o ame com a mesma força de seu divino amor, transformando-se nesse amor, como já dissemos. Concedendo assim à alma a própria força do amor divino para que o possa amar, Deus, por assim dizer, põe-lhe o instrumento nas mãos e ensina como deve servir-se dele, e o faz juntamente com ela; eis o que significa mostrar-lhe como se ama e dar-lhe habilidade para isto. Até chegar a este ponto a alma não está satisfeita, nem o estaria na outra vida, se – como afirma Santo Tomás *"in opúsculo de Beatitudine"* – não sentisse que ama a Deus tanto quanto é por Ele amada. No estado de matrimônio espiritual de que vamos falando, quando a alma chega a este grau, embora não tenha ainda a perfeição de amor que terá na glória, contudo, há nela uma viva imagem e vislumbre daquela perfeição, a qual é totalmente inefável.

E logo me darias,
Ali, tu, vida minha,
Aquilo que me deste no outro dia

5. O que a alma diz que o Esposo lhe daria logo é a glória essencial, que consiste em contemplar o ser de Deus. Assim sendo, antes que passemos adiante, convém resolver aqui a seguinte dúvida: se a glória essencial consiste em ver, e não propriamente em amar a Deus, e a alma diz que a sua pretensão era este amor e não a glória essencial – como declarou no princípio da canção –, por que motivo depois pede essa glória, como coisa secundária? As razões são duas. A primeira é ser o amor o fim de tudo, e o amor pertence à vontade, cuja característica é dar, e não receber. Quanto ao entendimento – ao qual é dada a

glória essencial –, a sua propriedade é antes receber do que dar. Ora, como a alma aqui está embriagada de amor, não repara na glória que Deus lhe há de dar, porque se ocupa somente em dar-se a Ele, na entrega do verdadeiro amor, sem interesse algum pelo seu próprio proveito. A segunda razão é que na primeira pretensão se inclui a segunda, e esta já fica subentendida nas precedentes canções; pois, na verdade, é impossível chegar ao perfeito amor de Deus sem a perfeita visão de Deus. Assim, a força desta dúvida se desfaz logo na primeira razão, porque é com o amor que a alma paga a Deus o que lhe deve, e com o entendimento antes recebe de Deus do que lhe dá.

6. Entremos, porém, na explicação. Vejamos o que seja aquele "outro dia" a que a alma se refere aqui, e também o que seja "aquilo" que Deus lhe deu nesse dia, e a alma pede para dar-lhe depois, na glória. Pelo "outro dia" é significado o dia da eternidade de Deus, bem diverso do dia temporal, desta vida. Naquele dia eterno, Deus predestinou a alma para a glória, determinando nele essa glória que lhe havia de dar, e de fato já lhe deu livremente, sem princípio, desde que a criou. Essa predestinação à glória é de tal modo própria à mesma alma que nenhum motivo ou obstáculo, superior ou inferior, será capaz de lha tirar jamais; e aquilo a que foi predestinada por Deus desde toda a eternidade, ser-lhe-á dado possuir para sempre. É, pois, a isto que se refere a alma, quando diz: "Aquilo que me deste no outro dia", e que ela deseja possuir manifestamente na glória. O que será, então, aquilo que lhe deu ali? "O olho não viu, nem o ouvido ouviu, nem jamais veio ao coração do homem", como diz o Apóstolo (1Cor 2,9). E Isaías já dissera: "O olho não viu, exceto Tu, ó Deus, o que tens preparado para os que te esperam" (Is 64,4). Por impossibilidade de o definir é que a alma o chama "aquilo". Em suma, trata-se de ver a Deus; e, ao que seja para a alma a visão de Deus, não se pode dar outro nome senão "aquilo".

7. Para não deixarmos, contudo, de dizer alguma coisa a esse respeito, digamos o que manifestou Cristo a São João no *Apocalipse*, por muitos termos, vocábulos e comparações,

por sete vezes, não sendo possível encerrar "aquilo" em uma só palavra, nem de uma só vez; e, mesmo em todas aquelas figuras, ainda fica por dizer. Assim fala ali Cristo: "Ao vencedor darei a comer da árvore da vida que está no paraíso de meu Deus" (Ap 2,7). Como se esta comparação fosse insuficiente, logo acrescenta: "Sê fiel até a morte e dar-te-ei a coroa da vida" (Ap 2,10). Nem esta parece dar bem a entender, e logo vem outra mais obscura, que melhor o signifique: "Ao vencedor darei do maná escondido; e dar-lhe-ei uma pedra branca e sobre a pedra estará escrito um nome novo, que ninguém conhece, senão só quem o recebe" (Ap 2,17). Mas nem esta figura basta para manifestar o que seja "aquilo"; eis por que o Filho de Deus aduz outra de grande alegria e poder: "Quem vencer e guardar até o fim as minhas obras, eu lhe darei poder sobre as nações, e as regerá com vara de ferro, e como um vaso de barro se despedaçarão, assim como eu também recebi de meu Pai; e dar-lhe-ei a estrela da manhã" (Ap 2,26). Não se contentando ainda com estes termos, continua a dizer: "O vencedor será assim vestido de vestes alvas; e jamais lhe apagarei o nome do livro da vida; antes confessarei o seu nome diante de meu Pai" (Ap 3,5).

8. E como tudo o que foi dito fica aquém da realidade, ajunta muitos vocábulos cheios de inefável majestade e grandeza para declarar "aquilo": "Ao vencedor, farei dele coluna no templo de meu Deus, e jamais sairá fora; escreverei sobre ele o nome de meu Deus, e o nome da cidade nova de Jerusalém de meu Deus, que desce do céu de meu Deus, e também meu nome novo" (Ap 3,21). Enfim, para melhor o manifestar, emprega a sétima figura, que é: "Ao vencedor, eu o farei sentar-se comigo no meu trono; assim como também eu venci e me sentei com meu Pai no seu trono" (Ap 3,21). "O que tem ouvidos para ouvir ouça." Todas estas palavras são ditas pelo Filho de Deus para dar a entender "aquilo". Quadram-lhe muito perfeitamente, mas não o exprimem. Com efeito, esta peculiaridade têm os mistérios infinitos: a de lhe quadrarem bem as expressões mais sublimes, em qualidade e magnificência, sem que, todavia, alguma delas, ou todas juntas, os declarem.

9. Vejamos agora se Davi nos revela algo deste "aquilo". Em um salmo diz: "Que grande é, Senhor, a abundância de tua doçura que tens reservada para os que te temem!" (Sl 30,20). Por isso, noutro lugar dos Salmos, denomina-o "torrente de deleites", dizendo: "Tu os farás beber na torrente de teus deleites" (Sl 35,9). E, sentindo também como não iguala este nome com a expressão do que seja "aquilo", torna a dizer noutro salmo: "Tu o previeste com bênçãos da doçura de Deus" (Sl 20,4). E, assim, um nome que quadre ao certo para definir "aquilo" que a alma diz, e que consiste na felicidade para a qual Deus a predestinou, é impossível encontrar. Fiquemos, então, com esse nome que a alma lhe deu – "aquilo" –, e expliquemos o verso da seguinte maneira. Aquilo que me deste, isto é, aquele peso de glória a que me predestinaste, ó Esposo meu, no dia de tua eternidade, em que houveste por bem determinar a criação de meu ser, tu mo hás de dar, em breve, ali, no dia do meu desposório e núpcias; tu, naquele dia de alegria para o meu coração, quando me desprenderes da carne, e me introduzires nas subidas cavernas de teu tálamo, transformar-me-ás gloriosamente em ti, e juntos, então, beberemos o mosto das suaves romãs.

Anotação para a canção seguinte

1. A alma chegada ao estado de matrimônio espiritual, de que agora tratamos, não fica sem perceber algo "daquilo" que lhe será dado na glória; como já está transformada em Deus, algo se passa em seu íntimo, do que há de gozar na eternidade. Por esta razão, não quer deixar de dizer aqui um pouco do que experimenta, nos penhores recebidos e por certo vestígio, que no interior lhe fazem pressentir o que será "aquilo"; porque se dá com ela o que afirma o Profeta Jó: "Quem poderá conter a palavra que tem em si concebida, sem dizê-la?" (Jó 4,2). Assim, na canção seguinte, ocupa-se em descrever algo daquela fruição de que gozará depois na visão beatífica, e procura, quanto lhe é possível, explicar o que seja e como seja "aquilo" que ali receberá.

Canção XXXIX

> E o aspirar da brisa,
> Do doce rouxinol a voz amena,
> O souto e seu encanto,
> Pela noite serena,
> Com chama que consuma sem dar pena.

Explicação

2. Nesta canção, a alma procura dizer e explicar "aquilo" que lhe será dado pelo Esposo na transformação beatífica, e o faz por cinco expressões. Na primeira, diz que é a aspiração do Espírito Santo, de Deus a ela, e dela a Deus. Na segunda, fala da sua jubilação na fruição de Deus. Na terceira, refere-se ao conhecimento das criaturas e da ordem que há entre elas. Na quarta, manifesta a pura e clara contemplação da essência divina. Na quinta, a transformação total no amor infinito de Deus. Diz, então, o verso:

E o aspirar da brisa

3. Este aspirar da brisa é uma capacidade que, segundo a própria alma o diz, lhe será dada por Deus, na comunicação do Espírito Santo. É este que, a modo de sopro, com sua aspiração divina, levanta a alma com grande sublimidade, penetrando-a e habilitando-a a aspirar, em Deus, aquela mesma aspiração de amor com que o Pai aspira no Filho, e o Filho no Pai, e que não é outra coisa senão o próprio Espírito Santo. Nesta transformação, o divino Espírito aspira a alma, no Pai e no Filho, a fim de uni-la a si na união mais íntima. Se a alma, com efeito, não se transformasse nas três divinas Pessoas da Santíssima Trindade, num grau revelado e manifesto[23], não seria verdadeira e total a sua transformação. Essa aspiração do Espírito Santo na alma, com que Deus a transforma em si, causa-lhe tão subido, delicado e profundo deleite que não há linguagem mortal capaz de o

---

23. A 1ª redação do *Cântico* diz: "...embora não o seja em revelado e manifesto grau, por causa da baixeza e da condição de nossa vida".

exprimir; nem o entendimento humano, com a sua natural habilidade, pode conceber a mínima ideia do que seja. Na verdade, mesmo o que se passa na transformação a que a alma chega nesta vida, é indizível, porque a alma, unida e transformada em Deus, aspira, em Deus, ao próprio Deus, naquela mesma aspiração divina com que Deus aspira em si mesmo a alma já toda transformada nele.

4. Nessa transformação em que a alma está, ainda nesta vida, produz-se a mesma aspiração de Deus à alma e da alma a Deus, de que gozará na glória. Com muita frequência a experimenta, e com subidíssimo deleite de amor em seu íntimo, embora não se lhe descubra em descoberto e manifesto grau, como na outra vida. É justamente isto que, segundo entendo, quis exprimir São Paulo, quando disse: "E porque sois filhos, enviou Deus aos vossos corações o Espírito do seu Filho, que clama: *Abba*, Pai" (Gl 4,6). Essa aspiração se produz nos bem-aventurados do céu e nos perfeitos da terra, do modo respectivo a uns e outros, conforme explicamos. Não é, pois, coisa impossível chegar a alma a atingir tão grande altura, aspirando em Deus, por participação, como Ele mesmo nela aspira. Se Deus, de fato, lhe concede a graça de ser unida à Santíssima Trindade, tornando-se a alma, assim, deiforme e Deus por participação, como podemos achar incrível que ela tenha em Deus todo o seu agir, quanto ao entendimento, notícia e amor, ou, dizendo melhor, sejam suas operações todas feitas na Santíssima Trindade, juntamente com ela, como a própria Santíssima Trindade? Assim o é, porém, por participação e comunicação, sendo Deus quem opera na alma. Nisto consiste a transformação da alma nas três divinas Pessoas, em poder, sabedoria e amor; nisto também se torna a alma semelhante a Deus, e, para chegar a este fim, é que foi criada à sua imagem e semelhança.

5. Como é realizada essa transformação, ninguém o pode nem sabe dizer. Só conseguimos dar a entender que o Filho de Deus nos alcançou este alto estado, e nos mereceu esta subida honra, de podermos ser filhos de Deus, conforme diz São João. Assim o pediu Ele ao Pai, pelo mesmo São João, com

218

estas palavras: "Pai, os que me deste, quero que, onde eu estou, estejam também eles comigo, para contemplarem a minha glória que Tu me deste" (Jo 17,24). Querendo dizer: que eles façam, por participação, em nós, a mesma obra que eu faço por natureza, que é aspirar ao Espírito Santo. E diz ainda mais: "Não rogo somente por eles, mas também por aqueles que por sua palavra crerem em mim; para que todos sejam uma só coisa, assim como Tu, Pai, estás em mim e eu em ti – que assim também eles sejam em nós uma só coisa... Dei-lhes a glória que Tu me deste, para que sejam um, assim como nós somos um; eu neles e Tu em mim: que sejam perfeitos na unidade, a fim de conhecer o mundo que Tu me enviaste, e que os amaste como amaste a mim" (Jo 17,20-23), isto é, comunicando a eles o mesmo amor que dedica ao Filho, embora não o faça por natureza como ao Filho, mas somente por unidade e transformação de amor. Não se há de entender também que o Filho queira dizer ao Pai que os santos sejam essencial e naturalmente uma só unidade, como o são o Pai e o Filho, mas pede que o sejam por união de amor, assim como o Pai e o Filho são um em unidade de amor.

6. Daí vem a essas almas possuírem por participação os mesmos bens que o Filho possui por natureza; portanto, podemos dizer, são verdadeiramente deuses por participação, em igualdade e companhia do mesmo Filho de Deus. Por esta razão disse São Pedro: "A graça e a paz se vos aumentem cada vez mais pelo conhecimento de Deus e de Jesus Cristo, Nosso Senhor. Tudo quanto serve para uma vida piedosa, o seu divino poder no-lo deu pelo conhecimento daquele que nos chamou para sua glória e louvor; e com isso se nos comunicam as preciosas e grandíssimas graças prometidas, de modo que por elas vos tornastes participantes da natureza divina" (2Pd 1,2-5). Estas são as palavras de São Pedro, nas quais é dado claramente a entender que a alma participará do próprio Deus, isto é, fará, juntamente com Ele, a própria obra da Santíssima Trindade, em consequência da união substancial en-

tre a alma e Deus, do modo que já explicamos. Esta realidade só será perfeita na vida eterna, todavia, quando a alma chega aqui na terra ao estado de perfeição, como chegou esta de que tratamos; já lhe é dado prelibar em grande parte um vestígio e antegozo dessa união conforme vamos aqui dizendo, embora não se possa descrever como seja.

7. Ó almas criadas para estas grandezas, e a elas chamadas! Que fazeis? Em que vos entretendes? Baixezas são vossas pretensões e tudo quanto possuís não passa de misérias. Oh! Miserável cegueira dos olhos de vosso espírito! Pois, para tanta luz, estais cegas; para tão altas vozes, sois surdas; não vedes que, enquanto buscais grandezas e glórias, permaneceis miseráveis e vis, sendo ignorantes e indignas de tão grandes bens! Continua a alma a manifestar, por uma segunda expressão, o que seja "aquilo":

Do doce rouxinol a voz amena

8. Daquela aspiração da brisa ressoa na alma a doce voz de seu Amado, que a ela se comunica; e, neste suavíssimo canto se une a Ele a mesma alma, em deliciosa jubilação. Esta mútua união é aqui denominada "canto do rouxinol". A voz do rouxinol se ouve na primavera, quando já passou o inverno, com seus vários rigores, frios e chuvas. Causa, então, deleite ao espírito a melodia que repercute no ouvido. O mesmo se realiza nesta atual comunicação e transformação de amor que a Esposa já possui nesta vida. Amparada e livre agora de todas as perturbações e contingências do tempo, desprendida e purificada de todas as imperfeições, penas e obscuridades, tanto do sentido como do espírito, sente-se numa nova primavera, com liberdade, dilatação e alegria de espírito; aí ouve a doce voz do Esposo, que é o seu doce rouxinol. Esta voz lhe renova e refrigera a substância íntima de si mesma; e o mesmo Esposo, achando-a já bem disposta para caminhar à vida eterna, convida-a com doçura e deleite, fazendo ressoar aos ouvidos da alma esta sua deliciosa voz, dizendo: "Levanta-te, apressa-te, amiga minha, pomba minha, formosa minha, e vem; porque já

passou o inverno, já se foram e cessaram de todo as chuvas; as flores apareceram na nossa terra; chegou o tempo da poda, e ouviu-se na nossa terra a voz da rola" (Ct 2,10-13).

9. A essa voz do Esposo que lhe fala no íntimo, a Esposa experimenta haver chegado o fim de todos os males, e o princípio de todos os bens; nesse refrigério e amparo, com profundo sentimento de gozo, também ela, como doce rouxinol, eleva sua própria voz num novo canto de júbilo a Deus, cantando juntamente com aquele que a move a isso. É para este fim que o Esposo lhe comunica sua voz: para que a esposa una a própria voz à dele, no louvor de Deus. Na verdade, o intento e desejo do Esposo é que a alma entoe a sua voz espiritual num canto de jubilação a Deus, e assim o pede Ele próprio a ela nos Cantares, dizendo: "Levanta-te, amiga minha, formosa minha, e vem, pomba minha, nas aberturas da pedra, na concavidade do rochedo; mostra-me a tua face, ressoe a tua voz aos meus ouvidos" (Ct 2,1314). Os ouvidos de Deus significam aqui os seus desejos de que a alma lhe faça ouvir esta voz de jubilação perfeita; e, para que, de fato, seja perfeito este canto, o Esposo pede que ressoe nas cavernas da pedra, isto é, na transformação dos mistérios de Cristo, como já explicamos. Nesta união, a alma verdadeiramente jubila e louva a Deus com o mesmo Deus e assim é louvor perfeitíssimo, e muito agradável a Deus, tal como dizíamos a respeito do amor, porque, tendo a alma chegado à perfeição, todas as obras que faz são muito perfeitas. Por isso, essa voz de júbilo é doce para Deus, e doce também para a alma. Eis a razão de dizer o Esposo: "Tua voz é doce" (Ct 2,14), e não o é só para ti, mas também para mim, pois, estando tu comigo em unidade, emites tua voz para mim em unidade comigo, como doce rouxinol.

10. Tal é o canto que ressoa dentro da alma, na transformação em que se acha nesta vida, e cujo sabor é acima de todo encarecimento. Não chega ainda, porém, a ser tão perfeito como o cântico novo da vida gloriosa; e, assim, deliciada a alma com o gosto que dele sente nesta terra, e vislumbrando através da sublimidade deste canto do exílio a excelência do

que ouvirá na glória, incomparavelmente mais sublime, lembra-o agora dizendo que aquilo que lhe dará o Esposo será o canto do doce rouxinol. E acrescenta:

O souto e seu encanto

11. Eis a terceira expressão de que se serve a alma ao descrever o que lhe há de dar o Esposo. Pelo souto, que é o bosque onde crescem muitas plantas e animais, compreende a alma o próprio Deus como criador e conservador de todas as criaturas, as quais nele têm sua vida e origem. Sob esse aspecto revela-se Deus à alma, dando-se a conhecer a ela como criador. O encanto deste souto, que a alma pede também aqui ao Esposo para mostrar-lhe, representa a graça, sabedoria e beleza que cada uma das criaturas, tanto da terra como do céu, recebe de Deus, e também a harmonia que reina entre elas todas, pela correspondência e subordinação recíproca de umas às outras – sábia, ordenada, graciosa e amiga –, seja das criaturas superiores entre si e das inferiores também entre si, ou, ainda, entre as superiores e as inferiores. Tal conhecimento proporciona à alma admirável encanto e deleite. A quarta expressão é a seguinte:

Pela noite serena

12. Esta noite é a contemplação pela qual a alma deseja ver tudo quanto ficou dito. O motivo de chamar a contemplação "noite" é por ser obscura, e assim também lhe dão o nome de "teologia mística", que significa sabedoria de Deus secreta ou escondida. Nesta contemplação, sem ruído de palavras nem cooperação alguma de sentido corporal ou espiritual, em silêncio e quietação, às escuras de tudo o que é sensível ou humano, o próprio Deus ensina à alma, de modo ocultíssimo e secretíssimo, e sem que ela saiba como. A isto, alguns espirituais chamam "entender não entendendo". De fato, não se produz esta operação no entendimento que os filósofos classificam de ativo, e cuja atividade se processa nas noções, imagens e apreensões das potências corporais; realiza-se no entendimento enquanto possível e passivo, o qual, sem intermédio de figu-

ras, apenas recebe passivamente o conhecimento substancial despojado de toda imagem, e comunicado sem cooperação ou trabalho ativo do mesmo entendimento.

13. Eis por que esta contemplação é denominada "noite"[24], por meio da qual, ainda nesta vida, a alma já transformada no amor conhece de modo elevadíssimo aquele divino souto e seu encanto. Por mais sublime, entretanto, que seja esta notícia de Deus, é como noite escura, em comparação da luz beatífica aqui solicitada pela alma. Assim, pedindo aqui a clara contemplação na luz da glória, pede ao Esposo que estas delícias do souto e seu encanto, bem como as demais coisas já referidas, lhe sejam dadas "pela noite serena", isto é, na contemplação já gloriosa e beatífica. E, deixando de ser a noite de contemplação obscura da terra, transforme-se em contemplação luminosa e serena de Deus no céu. Dizendo, pois, "noite serena", quer a alma significar a contemplação clara e serena da visão beatífica de Deus. Davi, ao falar desta noite de contemplação, exclama: "A noite converter-se-á em claridade nos meus deleites" (Sl 138,11). Como se dissesse: quando estiver em meus deleites gozando da visão essencial de Deus, a noite de contemplação terá amanhecido no dia e na luz para meu entendimento. Segue-se a quinta expressão:

Com chama que consuma sem dar pena

14. Pela chama compreende aqui a alma o amor do Espírito Santo[25]. O consumar significa acabar e aperfeiçoar. Ao dizer, portanto, a alma que tudo quanto foi expresso nesta canção lhe há de ser concedido pelo Amado, e ela possuirá esses dons com amor consumado e perfeito, e tudo será absorvido juntamente com ela neste mesmo amor perfeito, sem que coisa alguma lhe cause pena, quer manifestar a perfeição total desse amor.

---

24. A 1ª redação do *Cântico* assim diz: "Eis por que não somente é denominada 'noite', mas 'noite serena'".

25. A 1ª redação do *Cântico* diz: "Esta chama significa aqui o amor de Deus, quando já está perfeito na alma". Não se refere ao estado beatífico, e sim à transformação de amor aqui na terra.

E, para que na verdade seja assim, necessariamente há de ter o amor duas propriedades: a primeira é que consume e transforme a alma em Deus; a segunda, que a inflamação e transformação operada pela chama do amor não causem mais sofrimento, e isto só pode acontecer no estado de bem-aventurança, sendo então essa chama de amor suavíssimo. De fato, na transformação da alma em chama, na eterna bem-aventurança, há conformidade e satisfação beatífica de ambas as partes; portanto, não há sofrimento devido à variação de intensidade, para grau maior ou menor, como acontecia antes que a alma chegasse a ser capaz desse perfeito amor. Uma vez chegada à perfeição total do amor, permanece unida a Deus com tanta conformidade e suavidade que, sendo Deus fogo consumidor – segundo afirma Moisés (Dt 4,24) –, para ela se torna consumador e sustentador. Já não acontece como na transformação de amor, alcançada pela alma nesta vida; pois, embora muito perfeita e consumadora em amor, todavia, lhe era ainda algo consumidora e destrutiva; o amor então agia nela como o fogo na lenha que já se acha inflamada e transformada em brasa; e, embora não fumegasse mais esse fogo de amor, como sucedia antes de transformar nele a alma, todavia, ao consumá-la em fogo, ao mesmo tempo a consumia e reduzia a cinzas. Isto sucede quando a transformação de amor nesta vida chega a ser perfeita: mesmo havendo conformidade, sempre há também algum detrimento e pena. A razão é que, de uma parte, essa transformação é própria do estado beatífico, e não pode ainda o espírito recebê-la como no céu; de outra parte, o sentido, fraco e corruptível, sofre detrimento com a força e sublimidade de tão grande amor, pois é certo que qualquer coisa transcendente causa pena e detrimento à fraqueza natural. Bem o diz a Escritura: "O corpo que se corrompe torna pesada a alma" (Sb 9,15). Quando esta, porém, chegar à vida beatífica, nenhum detrimento e pena sentirá, mesmo sendo profundíssima a sua compreensão de Deus, e sem medida o seu amor; porque Deus dará capacidade ao entendimento, e fortaleza ao amor, consumando o mesmo entendimento com sua sabedoria, e a vontade com o seu amor.

15. A Esposa pediu, nas canções precedentes, e nesta que vamos explicando, imensas comunicações e notícias de Deus, para as quais há necessidade de ser o amor muito forte e elevado, a fim de poder amar segundo a grandeza e sublimidade delas; por isso, pede agora lhe sejam tais comunicações concedidas neste amor consumado perfectivo e forte.

Canção XL

> Ali ninguém olhava;
> Aminadab tampouco aparecia;
> O cerco sossegava;
> Mesmo a cavalaria,
> Só à vista das águas, já descia.

Explicação e anotação

1. Conhece agora a Esposa que a inclinação de sua vontade já está em total desapego de todas as coisas, e se apoia unicamente em Deus, com estreitíssimo amor; que a parte sensitiva, com todas as suas forças, potências e apetites, já se acha conformada ao espírito, estando definitivamente acabadas e subjugadas todas as suas revoltas; que o demônio, após largo e variado exercício e combate espiritual, já foi vencido e afastado para muito longe; enfim, que a própria alma está unida e transformada em Deus, com abundantíssimas riquezas e dons celestiais. Vê como, por tudo isto, já se acha bem disposta, preparada e fortalecida, para subir, apoiada ao seu Esposo, através do deserto da morte, cheia de deleites, até os tronos e assentos gloriosos de seu Esposo. Desejosa, pois, de que o mesmo Esposo remate finalmente sua obra, e para movê-lo a isso com maior eficácia, representa-lhe todas essas disposições agora referidas, especificando-as em número de cinco[26], nesta última canção. A primeira é que já está desapegada de tudo, e alheia a todas as coisas. A segunda, que já está vencido e afugentado o

---

26. A 1ª redação do *Cântico* especifica somente quatro, reunindo numa só as duas últimas daqui.

demônio. A terceira, que já se acham subjugadas as paixões, e mortificados os apetites naturais. A quarta e a quinta mostram como já está reformada e purificada a parte sensitiva e inferior, e em perfeita conformidade com a parte espiritual; e assim, longe de estorvar a alma na recepção daqueles bens espirituais, ao contrário, adaptar-se-á a eles, porque, na disposição em que se acha, participa desde já, segundo a sua própria capacidade, das graças que a alma agora recebe. Diz, então:

Ali ninguém olhava...

2. É como se dissesse: minha alma já está despojada, desprendida, sozinha e apartada de todas as coisas criadas, sejam superiores ou inferiores, e tão profundamente adentrada no recolhimento interior contigo que nenhuma delas chega a perceber o íntimo deleite que em ti possuo; isto é, nenhuma pode mover-me a gozar com sua suavidade, ou a sentir desprazer e aborrecimento com sua miséria e baixeza; porque minha alma se acha tão longe delas, e é tão profundo o deleite que tenho contigo, que criatura alguma o pode alcançar com sua vista. Não só isto, mas também

Aminadab tampouco aparecia

3. Este Aminadab, de que fala a Sagrada Escritura, significa, no sentido espiritual, o demônio, adversário da alma. Ele andava sempre a perturbá-la e fazer-lhe guerra com a inumerável munição de sua artilharia, a fim de que a alma não entrasse nesta fortaleza e esconderijo do recolhimento interior junto ao Esposo. Agora que ela já se acha aí dentro, tão favorecida, tão forte, e tão vitoriosa, possuindo as virtudes, sob o amparo do abraço de Deus, o demônio nem ousa aproximar-se; antes, com grande pavor foge para bem longe, e não se atreve a aparecer. E também, pelo exercício das virtudes, e em razão do estado perfeito a que chegou, a alma de tal maneira mantém afastado e vencido o demônio que ele não mais aparece diante dela. Assim, Aminadab tampouco aparecia com qualquer direito para impedir-me este bem que pretendo.

O cerco sossegava...

4. Pelo cerco, a alma compreende aqui suas paixões e apetites, os quais, enquanto não estão vencidos e mortificados, a cercam em derredor, combatendo-a de uma parte e de outra; por isso são denominados "cerco". Diz que este cerco está agora sossegado, isto é, as paixões ordenadas pela razão e os apetites mortificados. Por este motivo, pede ao Esposo que não deixe de comunicar-lhe as mercês solicitadas, uma vez que o referido cerco já não é causa de impedimento. A razão de dizer isto é que, enquanto as quatro paixões da alma não estão ordenadas em relação a Deus, e os apetites mortificados e purificados, não tem ela capacidade para vê-lo. Segue-se:

Mesmo a cavalaria,
Só à vista das águas, já descia

5. Pelas águas são aqui significados os bens e deleites espirituais de que a alma goza em seu interior, neste estado de união com Deus. Pela cavalaria são compreendidos os sentidos corporais da parte sensitiva, tanto interiores como exteriores, os quais trazem em si as figuras e representações dos objetos que eles aprendem. Estes sentidos, diz aqui a Esposa, descem à vista das águas espirituais; efetivamente, no estado do matrimônio espiritual, esta parte sensitiva e inferior se acha a tal ponto purificada, e até de certa maneira espiritualizada, que também ela se recolhe, com todas as potências sensitivas e todas as forças naturais, a participar e gozar, a seu modo, das grandezas espirituais comunicadas por Deus à alma, no íntimo do espírito. Assim o deu a entender Davi, quando disse: "O meu coração e a minha carne regozijam-se no Deus vivo" (Sl 83,3).

6. Notemos bem como a Esposa não diz que a cavalaria descia para gozar das águas, mas que descia só à vista delas. Na verdade, a parte sensitiva, com suas potências, não tem capacidade para saborear, de modo particular e essencial, os bens espirituais, e isto não só nesta vida, mas nem na eternidade. Apenas por certa redundância do espírito é que recebe sen-

sivelmente recreação e deleite daqueles bens; por meio deste deleite, os sentidos e as potências corporais são atraídos ao recolhimento interior, em que está a alma bebendo as águas dos bens espirituais. Mais propriamente se pode dizer, portanto, que descem à vista das águas, do que bebem e gozam delas. A alma emprega aqui a palavra "descia", e não outra, para dar a entender que, nesta comunicação da parte sensitiva à espiritual, quanto ao gozo dessa bebida das águas espirituais, os sentidos e as potências cessam em suas operações naturais, passando daí ao recolhimento espiritual[27].

7. Todas estas perfeições e disposições propõe a Esposa a seu Amado, o Filho de Deus, com o desejo de ser por Ele transladada, do matrimônio espiritual a que Deus quis elevá-la na Igreja militante, ao matrimônio glorioso da Igreja triunfante. A este se digne levar todos os que invocam seu nome, o dulcíssimo Jesus, Esposo das almas fiéis, ao qual seja dada honra e glória juntamente com o Pai e o Espírito Santo, pelos séculos dos séculos. Amém.

---

27. A primeira redação do *Cântico* conclui mais brevemente o parágrafo seguinte, deste modo: "...passando daí o recolhimento interior, ao qual seja servido levar o Senhor Jesus, Esposo dulcíssimo, todos aqueles que invocam seu santíssimo nome; a Ele seja dada honra e glória juntamente com o Pai e o Espírito Santo, pelos séculos dos séculos. Amém".

Apêndice

Explicação da canção XXXVIII na 1ª redação do Cântico

1. O fim visado pela alma, quando desejava entrar naquelas cavernas já referidas, era alcançar a consumação – tanto quanto possível nesta vida – do que sempre havia pretendido, ou seja, o perfeito e total amor de Deus, que se manifesta naquela comunicação, pois o amor é o fim de tudo. Tinha igualmente em vista conseguir, de modo espiritual e completo, a retidão e pureza do estado de justiça original. Assim, nesta canção, a alma declara dois pontos. O primeiro é que ali, naquela transformação de conhecimentos divinos, lhe mostraria o Esposo o que sua alma pretendia em todos os seus atos e intenções, isto é, que ela já o ama com a perfeição com que Ele mesmo se ama; e, ao mesmo tempo, haveria de mostrar-lhe todas as coisas que vão ser explicadas na canção seguinte. O segundo é que ali lhe daria também o Esposo a pureza e limpeza que lhe havia dado no estado de justiça original, isto é, no dia do batismo, no qual Ele a purificou totalmente de todas as imperfeições e trevas que nela então se achavam.

> *Ali me mostrarias*
> *Aquilo que minha alma pretendia*

2. Essa pretensão é a igualdade de amor que, natural e sobrenaturalmente, a alma sempre deseja, pois o amante não pode estar satisfeito se não sente que ama tanto quanto é amado. Vendo como o amor que Deus lhe tem é na verdade imen-

so, a alma de sua parte não o quer amar com menor perfeição e sublimidade; para isto conseguir, aspira à atual transformação. Com efeito, não lhe é possível chegar a essa igualdade e inteireza de amor a não ser pela transformação total de sua própria vontade na de Deus; então, de tal maneira se unem as vontades que das duas se faz uma, e assim há igualdade de amor. A vontade da alma, convertida em vontade de Deus, torna-se inteiramente vontade de Deus; a alma não perde a sua vontade, mas transforma-a toda em vontade de Deus. Desse modo, a alma ama a Deus com a vontade dele, que também é a sua; logo, chega a amá-lo tanto quanto é dele amada, pois o ama com a vontade do próprio Deus, no mesmo amor com que Ele a ama, o qual é o Espírito Santo dado à alma, segundo as palavras do Apóstolo: "A graça de Deus está infundida em nossos corações pelo Espírito Santo que nos é dado" (Rm 5,5). É certo, então, que a alma ama a Deus no Espírito Santo, e juntamente com o mesmo Espírito Santo, não como se Ele fora meio para amar, e sim unida a Ele, em razão da transformação de amor, conforme vamos explicar. Esse divino Espírito supre o que lhe falta, por ter transformado a alma em seu amor.

3. Notemos bem como a alma não diz: ali tu me darias, mas ali me mostrarias, pois, embora seja verdade que o Amado lhe dá seu amor, é com muito acerto que ela emprega o termo "mostrar". Como a dizer: mostrar-lhe-á o Esposo que ela já o ama como Ele próprio se ama. Deus, que nos ama primeiro, mostra-nos que o amamos pura e integralmente como Ele nos ama. De fato, nesta transformação, Deus revela à alma um amor total, generoso e puro no qual Ele próprio se comunica todo a ela de modo amorosíssimo, transformando-a em si mesmo, e a ela dando seu próprio amor para que o ame; isto é o que significa mostrar-lhe como amar, pondo-lhe, por assim dizer, o instrumento nas mãos, ensinando-lhe como há de fazer e agindo Ele mesmo com ela; ama então a alma a Deus tanto quanto é dele amada. Não quero dizer que chegue a amar a Deus quanto Ele se ama, pois é impossível, mas que o ama tanto quanto é dele

amada; porque assim como há de conhecer a Deus como dele é conhecida, como diz...[28] um mesmo amor é o de ambos. Donde não só fica a alma instruída no amor, mas ainda feita mestra no amor, unida com o mesmo mestre e, por conseguinte, satisfeita em seu desejo de amar; e, enquanto não chega a este ponto, não se satisfaz, isto é, enquanto não chega a amar a Deus perfeitamente com o próprio amor com que Ele se ama. É verdade que a alma não pode alcançar isto com toda a plenitude nesta vida; contudo, no estado de perfeição – o do matrimônio espiritual, de que vamos falando –, de certa maneira o consegue.

4. Este amor assim tão perfeito tem por consequência imediata, na alma, uma substancial e íntima jubilação a Deus; com efeito, parece-lhe que toda a sua substância engrandece a Deus toda imersa em glória, e realmente assim é. A mesma alma sente, à maneira de fruição, uma suavidade interior que leva todo o seu ser a louvar, reverenciar, estimar e engrandecer a Deus com sumo gozo, tudo envolto em amor. Tal não acontece sem que Deus haja concedido à alma, nesse estado de transformação, grande pureza, como aquela que havia no estado de inocência, ou como aquela do batismo, a que se refere também a alma aqui, manifestando como o Esposo lha daria agora nessa transformação de amor.

E logo me darias,
Ali, tu, vida minha,
Aquilo que me deste no outro dia

5. Dá o nome de outro dia ao estado de justiça original, em que Deus dotou Adão de graça e inocência; ou ao dia do batismo, em que a alma recebeu pureza e brancura total; diz, nestes versos, como o Amado lhe faria esse dom, na união perfeita de amor. Isto mesmo significam as palavras ditas por ela no último verso, a saber: "Aquilo que me deste no outro dia"; porque, já o afirmamos, a essa perfeita pureza e brancura chega a alma no estado de perfeição.

---

28. Aqui falta uma linha no manuscrito da 1ª redação do *Cântico*.

Conecte-se conosco:

f facebook.com/editoravozes

◎ @editoravozes

𝕏 @editora_vozes

▶ youtube.com/editoravozes

◯ +55 24 2233-9033

www.vozes.com.br

Conheça nossas lojas:

www.livrariavozes.com.br

Belo Horizonte – Brasília – Campinas – Cuiabá – Curitiba
Fortaleza – Juiz de Fora – Petrópolis – Recife – São Paulo

EDITORA VOZES LTDA.
Rua Frei Luís, 100 – Centro – Cep 25689-900 – Petrópolis, RJ
Tel.: (24) 2233-9000 – E-mail: vendas@vozes.com.br